高明／主编

趣味谜题

中国轻工业出版社 | 全国百佳图书出版单位

图书在版编目（CIP）数据

趣味谜题／高明主编. —北京：中国轻工业出版社，2015.1

（玩出最强大脑系列）

ISBN 978-7-5019-9790-9

Ⅰ.①趣⋯ Ⅱ.①高⋯ Ⅲ.①推理－通俗读物 Ⅳ.①B812.23-49

中国版本图书馆CIP数据核字（2014）第119956号

责任编辑：张凌云

策划编辑：张凌云　　责任终审：张乃柬　　封面设计：王超男

版式设计：水长流文化　　责任校对：燕　杰　　责任监印：马金路

出版发行：中国轻工业出版社（北京东长安街6号，邮编：100740）

印　　刷：北京京都六环印刷厂

经　　销：各地新华书店

版　　次：2015年1月第1版第1次印刷

开　　本：880×1230　1/32　印张：8.25

字　　数：300千字

书　　号：ISBN 978-7-5019-9790-9　　定价：32.00元

著作权合同登记号　图字：01-2014-0283

邮购电话：010-65241695　传真：65128352

发行电话：010-85119835　85119793　传真：85113293

网　　址：http://www.chlip.com.cn

Email: club@chlip.com.cn

如发现图书残缺请直接与我社邮购联系调换

131415E5X101ZYW

目录
CONTENTS

序言 PREFACE

谜题的种类不胜枚举，其中有一种非常特殊，我们称之为“逻辑谜题”或“推理谜题”。解决这类谜题时，原则上尽量避免使用数学方式来计算，而应采取名侦探夏洛克·福尔摩斯所使用的演绎推理；或许，这类谜题最适合喜欢谜题，却视数学为畏途的朋友去做。另外，凡是看推理小说时，喜爱预测谁是凶手，而和作者斗智的人，也一定会喜欢这本书。

英国谜题王H．E．杜德尼表示，在18世纪中叶就已经出现这类谜题了。20世纪20年代末到30年代，有一个署名卡里邦的谜题专家在英国的报纸杂志上陆续发表了不少推理谜题杰作。虽然，卡里邦的作品之中包含了不少数学谜题、言语谜题和符号谜题，但他的真正本领还是在推理谜题方面。我们可由后人称推理谜题为“卡里邦型谜题”一语得知，他的推理谜题是多么的精彩。

卡里邦原名修伯特·菲利浦，是一位驰名于世的经济记者。他曾经在当年的《新年代报》上，充分地发挥了诙谐而又流畅的写作笔法。此外，他对扑克牌和桥牌等纸牌的研究，亦闻名于世；同时，还匿名写了很多短篇推理小说。在卡里邦的诸多才艺之中，仍以设计推理谜题最为杰出。因此，世人将他与杜德尼和美国的沙姆·洛伊德并称为谜题界的天才。

闲话少说，现在，就让我们开始享受解决谜题的乐趣吧！笔者敢保证，这本书中所列举的100则谜题，都是具有相当高水准的，所以，绝对不可能顺利解答或念到一半就猜出谜底。因此，请你在解题之前做好心理准备。

另外，本书列出了第1题到第90题的正解，笔者相信，它们应该都是准确无误的。而第91题到第100题“待解的谜题”，则要请读者朋友们自行探索解题之关键了，这最后的10则谜题本书不附正解，欢迎有志于更高难度解谜之道的您，踊跃挑战！

本书所列举的谜题并不需要用逻辑代数的解法，因为笔者认为，将资料符号化后，再以机械方式去解决的手段，违反了推理谜题的本意。

准备好了吗？那么，请！

第一章 牛刀小试

这一篇中所收集的，都是一些比较简单的问题。请读者先利用这些谜题来训练自己封冻已久的脑细胞吧！不要忘了准备纸笔，相信你一定会用得上。

1. 座位的安排

有一天晚上，六个男人围坐圆桌打扑克牌。让我们用A、B、C、D、E、F来代表这六个男人的名字吧！

E坐在C的右边的右边，D坐在A的正对面，B坐在F的左边的左边。

如果，F和A不相邻坐，那么坐在E右边的是谁呢？

所谓E坐在C的右边的右边，正是下图的情形。请你在这张图中，标上其他四个人的位置。

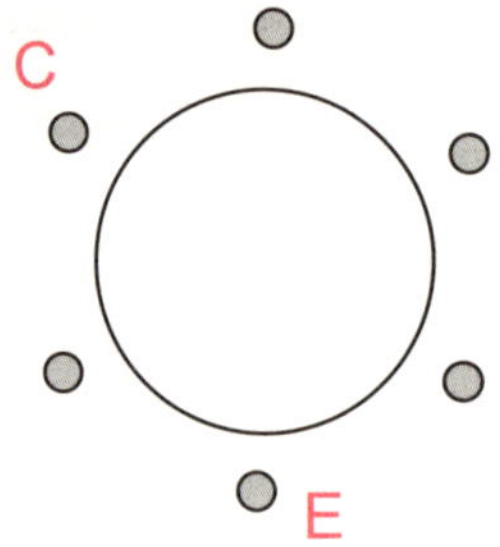

提示

B和F是坐在哪一个席位上呢？想一想他们两个人和D、A席位的关联。

2. 好朋友的职业

一夫、二郎、三吉、四祥、五平五个人，是青梅竹马的好朋友，如今长大成人，分别当上面包店老板、理发师、肉店老板、烟酒经销商和公司职员。当然，名字和职业的排序是任意安排的，不能互相对照。

面包店老板不是三吉，也不是四祥。烟酒经销商不是四祥，也不是一夫。此外，三吉和五平住在同一幢公寓，隔壁则是公司职员的家。三吉娶理发师的女儿时，二郎是他们的媒人。一夫和三吉有空时，就和肉店老板、面包店老板打牌。而且，每隔十天，四祥和五平一定要到理发店修个脸。但是，公司职员则一向自己刮胡子，从来不到理发店去。

那么，请你将这五个人的名字和职业，连接起来。

提示

四祥的职业是什么？三吉的职业呢？请从这两个问题开始着手。

3. 谁拿了我的伞?

在一个下雨的夜晚，五个朋友聚首小酌。饮罢各自回家后才发觉，五个人都拿错了雨伞。也就是说，五个人之中，竟然没有一个人拿对自己的雨伞。你说糊不糊涂?

假设这五个人的姓名是A、B、C、D、E:

A所带回的不是D的伞，也不是B的伞;

B所带回的不是D的伞，也不是C的伞;

C所带回的不是E的伞，也不是B的伞;

D所带回的不是C的伞，也不是E的伞;

E所带回的不是D的伞，也不是A的伞。

不但如此，这五个人当中，竟然也没有两个人是互拿对方雨伞的，请问:

C拿的是谁的伞? 是谁拿了C的伞?

提示

五个人相互错拿的组合有几种?谜题已限制不能两个人互换，不妨从这一线索下手。

4. 大赢家

每逢周末假日，张、王、李、赵四个人，照例要聚在一起玩扑克牌。这四个人的名字分别是东夫、西夫、南夫、北夫。当然，以上的姓氏和名字是随便排列的，不能按序相连。

有一天，他们四个人又聚在一起玩扑克牌。他们决定第一回合获胜的人，可以向其他三人各拿一百元；第二回合则涨到二百元；第三回合三百元；第四回合四百元。

当天，他们一共玩了四次。每人各赢了一次。

第一回合获胜的是南夫，第二回合由王先生胜出，第三回合赢钱的是西夫，第四回合则是李先生。据说打扑克牌以前，口袋里最有钱的是北夫；可是，打完了以后钱最多的则成了赵先生。

请你将四人的姓氏和名字连接在一起。

提示

北夫究竟姓什么？不要怕麻烦，还是拿张纸来列表整理资料吧！

5. 青梅竹马

林家和邱家是邻居，而且，往来十分亲密。两家各有四个孩子。他们的名字分别是志宏、山平、一郎、英武、秋婵、春江、夏荷、冬雪。当然，笔者绝不会告诉你，他们究竟是谁家的孩子，或者他们的长幼次序如何。

或许是近水楼台之故吧！两家之中竟然有三对年轻人走上了红毯。

志宏娶了一郎的姐姐，春江嫁给了秋婵的哥哥。

因此，冬雪的父亲成了春江丈夫的岳父。冬雪的丈夫成了一郎父亲的女婿。至于林家的幺女，因为年纪还小，所以还没有结婚。但是，即使两家已经有三对年轻人结成连理，她也还是没有姐夫。

请问这八个孩子之中，哪四个是林家的孩子？ 哪四个是邱家的孩子？

提示

冬雪、春江和一郎的关系分别为何？一定要先弄清这点，否则就会铸成大错。

6. 晚餐的座位

某一天晚上，有五个好朋友聚在一起共进晚餐。经过一周后，他们又聚在一起，谈论到当天的情形时，他们五人谁也想不起来，当天的座位究竟是怎么安排的了。因此，彼此争执不下。

A说：“ 我坐在B旁边。”

B说：“我的左边不是C就是D。”

C说：“ 我坐在D旁边。”

D说：“ C不是坐在B的右边吗？”

可是，后来查知这四个人的发言都是错误的。

那么，请你想一想，这五个人各坐在什么位置上?

还有一位E君并没有发言。请问，坐在E君左边的人是谁?

提示

在思考答案的时候，可用图示法整理。先想想谁坐在B的旁边呢?

7. 气象预报

我们对于气象预报一向是抱着姑且听之的态度，尽管如此，我们每天依旧会打开电视收看气象预报。前天的预报是这样的：

“今天的天气和昨天不同。如果，明天的天气和昨天一样，后天的天气也会和前天一样。但是，如果明天的天气和今天一样的话，后天的天气就会和昨天一样。”

这种说法，就像是女人的脾气一样，令人难以捉摸。不过，就实际的天气情况而言，今天是雨天，前天也是雨天。

而且，非常地巧合，以上有如绕口令般的天气预报居然是对的。

那么，昨天的天气如何？请你仔细想一想，不要随便乱猜。

提示

有时候想得太多反而会犯错，不如着眼于一开始就提供的资料。

8. 说谎的兄弟

有两个病人阿洋和阿勇，住进了谜题国精神病院的一间病房。这一对宝贝兄弟并不凶暴，但是却有一个奇特的怪癖。那就是阿洋每逢周一、周二、周三这三天都会撒谎，且不说半句真话。但在其他的日子中，却又诚实而坦率。

阿勇也有同样的情形，不过，他是在周二、周四、周六这三天专门说谎，至于其他的日子则只说真话。或许你会觉得这种怪癖不可思议，但这确实是精神病的一种啊！

某一天，有位实习医生来到这家精神病院参观。他问这两位宝贝兄弟：

“午安，请问你们叫什么名字？”

“我叫阿洋。”回答的是较年长的病人。

“你知道今天是周几吗？”实习医生问。

“昨天是周日。”回答的仍是较年长的病人。

这时，年少的病人接着说：

“不过，明天是周五。”

实习医生觉得莫名其妙，就问年少的病人说：

提示

两个人之中，是谁说谎话呢？请用他的谎话和另外一个人的回答，相互对照。

“这就怪了，你说的是真话吗？”

“当然是真话，我绝不会在周三说谎。”

年少的病人回答以后，面露得意的微笑。

真是愈来愈怪异了，可是，只要你仔细分析一下，也许就能够从上面的问答里判断，阿洋和阿勇二人之中，哪一个是哥哥，哪一个是弟弟。

请问，两个人之中谁是哥哥？另外，这一天是周几？

9. 游艇竞赛

有四位大学生，到海边去参加游艇竞赛。竞赛共分四轮举行，而且规定每轮每个人都要更换游艇。这四个人在这次比赛中，完全发挥了运动精神，没有一次轻言放弃，也没有一个人重复坐过同一艘游艇。

第一竞赛中，王秋山坐的林景上的游艇。第二轮，林景上坐的丁宇田的游艇。白江河在第三轮，开的是自己的游艇“胡说号”，得到了这一轮的冠军。不仅如此，白江河还因特别熟悉当地海岸的情形，而获得这次竞赛的全胜。

最大的游艇“吹牛号”，在第二轮时是由丁宇田驾驶的，在第四轮时则是由王秋山驾驶的。而且，“吹牛号”在最后一轮时，把第一名拱手让给了“丰满号”，自己屈居第二。

请问，另一艘“排骨号”的主人是谁？

提示

请先想想王秋山的船是哪一艘呢？“丰满号”的主人是谁呢？

10. 谁杀了老大？

黑社会经常发生血腥争斗，下面就是其中一例。有天，某家夜总会的办公室内，发现了一具尸体。这位死者正是附近这一带黑社会帮派的老大。

法医验过尸以后，一面摇头一面站起来说：

“这是从最近距离发射的子弹，而子弹就停留在心脏里面，致使他当场死亡。”

凶器是一把手枪，掉落在尸体旁边。而且经过验证后，证实这把手枪是黑社会老大自己所持有的。

经过一番追查，逮捕了三位嫌疑犯。他们都是这位老大的手下，三个人的证词分别如下。

马沙：“老大是自杀的，不是黑豹杀的。”

黑豹：“老大不是自杀的，是马沙杀了老大。”

大虎：“凶手是黑豹，不是我杀的。”

三个人的证词都各有出入，这也是意料之中的事。不过，我们可以发现，他们三个人所说的话中，各自包含了两种内容，也就是说他

提示

如果老大不是自杀的，那么，题目不是很简单吗？但是，愈简单就得愈小心，以免陷入圈套之中。

们各说了两句话。而且，事后证明这两句话之中有一句话是真的。

同时也证明，老大的死正是前文中所提及的人物之一所下的毒手。

请问，凶手是谁?

不过，特此声明，本案之中没有共犯，是由凶手独自下手的。

11. 孩子的名字

有三对夫妻，他们的名字各自是一夫、二郎、三吉、梅雪、月珠、丽花。不过，我们并不知道究竟哪位男士和哪位女士是夫妻。

这三对夫妻，都各自育有一男一女。这六个小孩的名字，恰好和上面所列举的名字一模一样。儿子的名字，当然和他们自己父亲的名字不一样。而女儿的名字，当然也和她们自己母亲的名字不一样。

为什么会有这样奇怪的事情呢？我想，或许是这三家的父母亲私交甚笃，才会想到用朋友们的名字，来为自己的儿女们命名吧！例如：三吉的太太，就和朋友小孩二郎的妹妹同名。月珠的儿子，就叫三吉。而一夫的女儿，则叫丽花。

请问，小孩梅雪的哥哥叫什么名字？

提示

请先研究一下：三吉的儿子是二郎吗？三吉的太太是月珠吗？一夫的太太，有没有可能是丽花？

12. 老板的大名

我有五个好朋友，都是经营小本生意的老板。他们所开的店，包括杂货店、鲜鱼铺、牛肉店、烟酒经销店、水果行。他们的名字分别是吾盐、鲤平、牛哥、酒泉、希柿。不过，请读者注意，他们的名字并不代表他们的职业。

例如：牛肉店老板的名字如果叫做牛哥，不是正好和他的职业相配吗？但他偏偏叫做鲤平，真是令人纳闷。因此，我特别询问了他们五个人各自经营的买卖，结果发现以下线索：

❶ 烟酒经销店老板的名字和吾盐所经营的买卖有关。

❷ 杂货店老板的名字里面，有一个字是与酒泉的职业有关联的人所开店里所卖的东西有关。

请问，酒泉的职业是什么？

提示

请先想想吾盐做的买卖是什么？我们早已知道不是杂货店，也不是牛肉店，那么，是不是只剩下三种可能性？不！可能还要更少一些呢？

13. 客人的饮料

某一天下午，我走进一家非常小巧雅致的咖啡店。里面正好有三个客人坐在柜台前面的高脚椅上。

或许是年轻人较不拘谨吧！他们说话的声音都很大，所以，我也就毫不费力地听到了所有他们谈话的内容，因而得知以下信息。

他们的名字分别是A、B、C（当然，这并不代表他们所坐的位置），而他们的职业则分别是画家、推销员、公司职员。

三人所喝的饮料也各不相同。有一个喝咖啡，有一个喝牛奶，另一个则喝红茶。

我仔细观察发现：推销员坐在A的旁边；而坐在B旁边的人喝红茶，坐在画家旁边的人喝牛奶。再者，公司职员喝的不是咖啡，B所喝的不是牛奶。

他们喝完饮料后，一起走出了咖啡店。临走前，推销员向C要了一根香烟，并且声明，今天由他付账。

请你根据以上所述资料推理，解答出坐在中间那个人的名字和职业，并且说明他所喝的是什么饮料？

在此特别提醒读者注意，他们并不是围着圆桌而坐，而是在柜台前面，排成一条直线坐着。

提示

请先思考A和推销员是怎么坐的？有几种坐法？

14. 阵容最强的棒球队

有一支棒球队出场比赛，而其九位上场球员的守备位置各自如何呢？ 请根据下列资料推断：

❶ 金木和三垒手住在同一栋公寓；

❷ 竹田、金木、大井三个人在打高尔夫球的时候，输给了捕手和二垒手；

❸ 立松和捕手相处得很好；

❹ 中外野手比右外野手长得高；

❺ 游击手、三垒手和大井常常去看电影；

❻ 捕手的太太是三垒手的妹妹；

❼ 子原的妹妹和二垒手订婚了；

❽ 上次打扑克牌的时候，竹田和衣村各赢了投手五百元钱；

❾ 捕手和三垒手，各有两个孩子；

❿ 柳川终于下定决心要离婚了；

⓫ 除了衣村、金木、立松三个人以外，捕手、投手和所有的内野守备员，都比柳川长得矮；

提示

这个题目中，所提及的人数很多。但是，如果我们能够根据资料来制作图表，再利用交叉比对及删去法，一定可以很快得到答案。

⑫ 子原常常和外野守备员打麻将；

⑬ 梧桐比大井高，鹤平又比大井矮，但是如果以体重而言，这三个人都比一垒手重；

⑭ 外野手之一不是鹤平，就是立松；

⑮ 子原、竹田、梧桐和中外野手、右外野手五个人，都是单身汉；

⑯ 竹田、立松和游击手三个人不喝酒。

你是不是觉得这一题非常复杂？其实，只要你仔细思考，就会发觉并不困难。

15. 奇妙的姻亲关系

春雨、夏雾、秋云、冬雪、和风五个人，是从初中到专科都一直同校的好朋友。或许，由于彼此的感情都太好了！她们竟然都各自嫁给了对方早已成为鳏夫的父亲，形成了这一桩奇妙的姻亲关系。

例如：是春雨丈夫前妻之女的冬雪，就成了夏雾的继母。

而且，春雨的父亲又是秋云丈夫的朋友，秋云的父亲又是夏雾丈夫的堂兄弟。

哎哟！可真是把你搞糊涂了吧？就算你把这一篇文章念上一遍或两遍，还是很难分清楚到底谁嫁给了谁的父亲。

不过，不管情形多复杂，你也应该明白，绝对不会有一个女子嫁给自己的父亲。

现在，请你简单地整理一下这个错综复杂的关系。

并且，看看我们在资料中没有提起的和风，究竟是谁的继母？

提示

解题关键并不限于肯定型的提示，这题的重点就在于如何处理否定句型的资料。

16. 桥牌游戏的搭档

外国人取名字的方法相当奇特，有时常常令我们东方人觉得不可思议。例如：艾德·马克班恩的推理小说《八十七分局》里面，就曾经出现过一个名叫麦亚·麦亚的人名。

话说有一天，A君与四位外籍记者约在一家大饭店里碰面。然而他与这四位外籍记者素昧平生，完全不知道对方的长相，所以他无法在这家饭店之中，直接找出这四位外籍记者来。正当他面露困惑之状时，饭店的服务生适时地为他指点了那四位记者的所在之地。

“你看，那边不是有四位先生正在打桥牌吗？ 他们就是你要找的那四位记者先生。现在，亨利和乔治为一组，正在大战亨利和亚瑟的那一组。不过，我看四个人之中，实力最强的是汤玛斯先生。”

“请问，哪一位是汤玛斯先生呢？”

“就是坐在汤玛斯先生左边的那一位。”

A君听得目瞪口呆，无言以对。

怎么会有汤玛斯先生坐在汤玛斯先生左边的道理呢？这样一来，

提示

相信你一定很清楚在桥牌游戏规则中，相对而坐的两个人一定是搭档。如果你能够了解这个原则，这一题对你而言就不是难解的谜题了。而同姓或同名的两个人，在牌局中是搭档还是对手呢？

不就有两位汤玛斯先生了吗？

A君后来才知道，这一位服务生在称呼那四位记者时，有时候用名字称呼，有时候用姓氏称呼。完全看他和那位记者的交情而定。

总而言之，这四位记者先生的名字，分别为乔治 · 亨利、亨利 · 汤玛斯、亚瑟 · 乔治、汤玛斯 · 亚瑟。

你说，这是不是很令人困扰呢？

请问，谁和汤玛斯 · 亚瑟搭档呢？

17. 凶杀案的关系人

松都、平野、村发、德冈、贤川、明原六个人，都和最近发生的一起凶杀案有密切的关联；他们分别是被害者、凶手、证人、警察、法官以及死刑执行官。以上所排列的身份次序和名字，是不可以对照相连的。

整起凶杀案非常单纯，被害者的心脏在挨了一枪后当场毙命。凶器是把手枪。证人说他虽然没有看到凶杀案的现场，但在听到一阵争吵声后，就传出了枪响。

在漫长的判决过程后，凶手被判死刑。以下是凶杀案关系人的身份资料：

❶ 贤川认识被害者和凶手；

❷ 法官在法庭上，叫松都解释开枪的理由；

❸ 明原是最后一个见到平野生前模样的人；

❹ 警察在法庭上说，他是从凶案现场附近把村发带到分局里的；

❺ 德冈和明原没有机会碰面。

请问，这六个人在这起凶杀案中，各自扮演的角色是什么？

提示

请特别注意❷、❸、❹的资料，不要陷入直觉判断中而太早下结论。

18. 两对夫妻

某一天晚上，有两对美国夫妻围着一张方桌子玩扑克牌。他们分别是琼斯夫妇和凯利夫妇。这四个人之中，有着某种微妙的亲戚关系。

两对夫妻的名字，都相继出现在下列十个问题之中。请你仔细观察之后，推断出他们所坐的席位，并且理清他们之间的亲戚关系。

❶ 琼斯先生的姐姐，坐在李察的右边。请问，她姓什么名什么？

❷ 贝丝的丈夫前妻所生的女儿，坐在李察的对面。请问，她姓什么名什么？

❸ 南茜的大姑子，坐在汤姆的对面。请问，她姓什么名什么？

❹ 凯利先生的女婿，坐在南茜的对面。请问，他姓什么名什么？

❺ 琼斯先生的姐夫，坐在贝丝的对面。请问，他姓什么名什么？

提示

解决谜题之钥就在这十个问题之中！接下来，请你综合这十个问题的资料后再进一步思考、推理。笔者希望你能够在解题时注意到一点，那就是美国女子在结婚之后改从夫姓。

❻ 凯利夫人因为结婚的缘故而多出来的女婿，坐在A的位置上。请问，他姓什么名什么？

❼ 请问，凯利先生的女儿现在叫什么名字？

❽ 请问，琼斯先生的姐姐现在叫什么名字？

❾ 请问，凯利夫人婚前姓什么名什么？

❿ 请问，琼斯夫人婚前姓什么名什么？

这个题目之中，只有四个人。但是，亲属的称谓却有姐姐、大姑子、女儿、女婿、姐夫等。因此，或许你在一时之间，会有丈二和尚摸不着头脑的感觉。不过，笔者深信这个题目对你而言，绝非难事。只要你能够冷静分析，一定可以找出他们四个人的关系和所坐的位置。

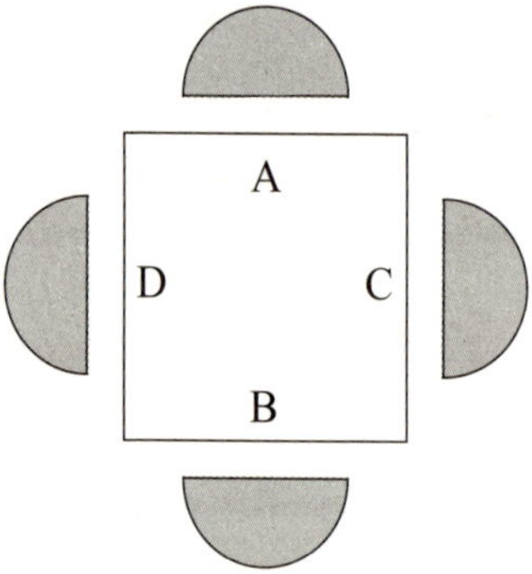

19. 名人常识测验

有一位女性评论家，经常慨叹当今缺乏常识的人愈来愈多了。因此，有一次她就召集了五位年轻女性来做常识测验。

这位女性评论家拿出来的是美国前总统尼克松、英国前首相威尔逊、法国已故总统戴高乐、以色列前总理梅厄夫人和已故越南领袖胡志明等五人的照片。这五张照片上面分别标了1、2、3、4、5五个号码，这五个号码当然和名字的次序无法相互对照。接着，这位女性评论家就问：

“你们认识这五张照片上的人吗？只要说出其中两位的名字就可以了。现在，请说说看！”

这五个女孩子在听过评论家的话以后，各自注视着照片上的人物作沉思状。片刻之后，纷纷回答。

松碧：“2号是威尔逊，3号是尼克松。”

竹月：“1号是戴高乐，2号是胡志明。”

梅影：“不！胡志明是3号，戴高乐是5号才对。”

鹤玲：“2号是威尔逊，4号是梅厄夫人。”

雀玉：“我认为4号是梅厄夫人没错，但是1号是尼克松。”

提示

既然五个人的答案都只有一个是正确的，那么我们不妨假设2号是威尔逊试试看！

评论家听了这五个女孩子的回答之后，不禁摇头叹气。这也难怪，因为这五个女孩子虽然都各自说出了两个答案。但是，都只猜对了一个。

请问，这五张照片上，各自标了什么号码？

20. 赠书

有五位推理作家，自从在同一个年度里获得相同的文学奖之后，就交往甚密。最近，他们五位各自都将有新作问世。因此，他们每一个人就各自送了一本书，给其他四位作家之一的女儿。并且，在书内的扉页上，写上他们的献词。

因此，每位作家的女儿，都各自获得一位作家所赠送的新书。当然，其中绝不会有一位女儿，得到一本以上的赠书，也绝不会有一位作家，把新书送给自己的女儿。

据说，他们赠书的情形是这样的：

赵先生的小说，赠给了王先生的女儿惠琴；王先生的小说，送给了维玲小姐；钱先生的小说，赠给了菊美小姐；而李先生的小说，则送给了晓华小姐。维玲之父把作品赠给杨先生的女儿，丽玉则是钱先生的女儿。

请你根据上述的资料判断，菊美的父亲是谁？

提示

可以将已知的资料做成简单明了的一览表。不清楚的部分，暂时将它空下来。

第二章 动脑时间

对于第一篇中的20个谜题，你的感觉如何？从第21题开始，你将面对更困难的题目！推理谜题虽是一项用脑的作业，不过熟能生巧，加油吧！

21. 象棋对弈

A先生的公司里面，十分盛行下象棋。因此，在周五下午的交谊时间内，到处都有人围着棋盘，展开热战。

在众多同事之中，A、B、C、D、E、F六个人是公认的高手。公司内部决定为他们六人举行一场循环赛来分出高下。时间约定在每周五的下午，各下一盘棋，连下5周。因为，参战者共有六人，所以每周五下午同时有三盘棋局在对弈。

第一个周五下午，C先生和E先生对弈一局。当然，其他两组比赛也同时进行中。但是，我们不知道那四个人是如何分组的。

第二个周五下午，B先生和D先生对弈一局。但是，我们仍然不清楚其他四个人的分组情形。

第三个周五下午，A先生和C先生对弈一局。我们当然还是不明了其他两组各自是谁和谁对弈。

第四个周五下午，D先生和E先生对弈一局。我们依然不清楚其他四个人的分组情形。

提示

如果你想一次考虑五个人之间是谁和谁对弈，那么，你一定会搞得一塌糊涂。所以，不妨将焦点集中在某一个人的身上，比较能够理出头绪。

到第五周的时候，这一场循环赛就结束了。换句话说，这时，每一个人都已经和另外五个人下过一盘棋了。

你是否已经发觉，F先生的名字至今尚未出现在资料之中。请问，他在第五个周五下午，是和谁对弈？

22. 餐桌上的谋杀案

有五名男女在餐厅共进晚餐时，天空突然乌云密布，雷声隆隆。刹那之间，灯火俱灭。五分钟过后，灯火再度通明。但是，席中一人竟已气绝死亡，一把雪亮的餐刀深深地刺入其心脏的位置。警方立刻成立专案小组，盘问其他四位共进晚餐的关系人，要求他们说明当晚的座次席位。他们四个人的证词分别如下：

何夫人："我坐在张夫人的右边。"

李先生："我的旁边是尹夫人。"

张夫人："李先生坐在我的旁边。"

尹夫人："被害人白先生坐在我隔壁的隔壁。"

警方根据其他目击者的证词得知，这四位关系人所说的都是谎话。最后，警方调查的结果显示，凶手坐在被害人左边的左边。请问，上述四人之中谁是凶手?

提示

可先从能够立刻判断的事情来解决。请你想想，李先生两旁坐的是谁和谁呢?

23. 小狗四祥的主人

谜题社区里面，住着一夫、二郎、三吉、四祥四个小朋友。最近，他们四个人之间，为了某些小事纠纷迭起、困扰不堪。

为什么会这样呢？原来，他们四个人都各自养了一只猫和一只狗，并各自利用了其他三位朋友之中的两个名字，来为自己的猫和狗命名。

刚开始的时候，或许用朋友的名字来称呼自己的猫、狗，是一件很亲密的行为。但是，久而久之，纠纷竟接踵而至，甚至彼此间还大打出手。我们最常看到的情形，就是某个小孩在招呼自己的猫、狗时，其他被叫到名字的小孩会一面大声回答，一面匆匆跑去。因此，使得这个社区里面从早到晚总是热闹非凡。

有个大人觉得这种情形很好笑，就着手调查了这四个小孩和猫、狗的名字。结果发现下列关系：

❶ 四祥的狗和三吉的猫，都和猫三吉的主人同名；

❷ 和二郎的猫同名的小孩，有一只和狗一夫的主人同名的猫。

提示

遇到情况较为复杂的问题时，应该习惯性地将所有的资料，整理成一览表。假使有姓名不详的人，可以用X或Y来代替。

此外，请你注意，无论是猫或狗之中，都没有任何两只猫或任何两只狗同名的情形。举例来说，叫做三吉的猫，一定只有一只；叫做三吉的狗，也一定只有一只。而且，一个小孩是不会用两个相同的名字，来为自己的猫、狗命名的。

请问，小狗四祥的主人是谁?

24. 瓮中的球

房间里有三个无论是形状、颜色、大小……都完全相同的大瓮和六颗大小相同的小皮球。

然而，这六颗小皮球的颜色各不相同，它们之中有三颗是红的，三颗是白的。

某个人在第一个瓮中放了两颗红球，在第二个瓮中放了两颗白球，在第三个瓮中放入剩余的一颗红球、一颗白球。

另外，为了预防自己忘记每个瓮里所放置的皮球颜色，他还特别在三个瓮的外面各自贴了一张标签。这三张标签配合瓮内的球色，分别写上了："红——红"、"红——白"、"白——白"。

没想到，有一个顽皮的小孩恶作剧地把那些贴在瓮上的标签，全都撕下来重贴。因此，现在贴在外面的三张标签，都已经和瓮内的球色不相符合了。

提示

当然，你可以分别从两个瓮内拿出四颗球来判断，这三个瓮里面究竟装的是什么颜色的球？但是，这种方法不是太幼稚了些吗？事实上，我们仅需拿出很少很少的球，就能够判断出每个瓮内的球色。因此，请你不妨先想想，标签和瓮内的球色究竟有什么关系？

同时，由于这些瓮的里面非常黑暗，我们绝对无法直接从瓮口看出瓮内小皮球的颜色。

此人在无计可施的情形之下，只好从瓮内拿出球来看它的颜色。但是，偏偏瓮口又很小，一次只能拿出一颗皮球出来看。

请问，需要拿出几颗球来，才能确认这三个瓮内各装了什么颜色的球?

请你以最少的次数来作答。

25. 外籍教师

有一所外语学校，聘请了五位外籍教师。他们的国籍分别是英国、法国、德国、西班牙、日本。

他们各自教授英、法、德、西、日五种语言中的两种语言，但非常奇怪的是，他们五个人之中，竟然没有一个人教授自己的本国语言。

除此之外，学校当局还规定，同一种语言的科目一定要安排两名老师教导，以便学生得到均衡的指导。

某人闲来无事，对这五位外籍教师做了深入的调查，结果发现：

❶ 玩扑克牌的时候，西班牙籍的老师，经常败给两位英文老师；

❷ 日籍老师娶了德文老师之一的妹妹，而且，他（日籍老师）自己的妹妹，也嫁给了另外一位德文老师；

❸ 英籍老师不懂法文，而法籍老师则对日文不感兴趣；

提示

请先想想，哪一种语言是日籍老师和西班牙籍老师都教的呢？应该采取哪一种方法，才能够了解这件事情呢？另外，希望读者能注意到❻的资料是否定句型，否则就很容易答错问题。

❹ 德籍老师利用寒假的时间，陪两位教授西班牙语的老师去旅行；

❺ 西班牙籍老师和日籍老师，共同教授一种语言；

❻ 教法文的老师其本国语言并不是法籍老师所教授的语言；

❼ 法文和德文的上课时间相同。

请问，这五位外籍教师各自教授哪两种语言？

26. 夫妇的名字

外国人取名的方法确实与东方人有很大的不同，例如，有些名字乍看之下真是难以判别男女。我想，这大概是他们男女两性通用的名字太多了的缘故。这一个谜题的情形，正是其中一例。

有五对美国夫妇，一起到台湾观光。令人吃惊的是，这五对夫妇中，五个男人的名字居然分别和五个女人的名字一样。所以，如果你不明就里地直呼他们的名字的话，就一定会得到男女混声合唱式的回应，真是麻烦透了。

某一天晚上，这五对夫妇聚集在其中一对夫妇的房间内聊天、打牌。出于好奇心，我特别去拜访了这五对夫妇。经过我旁敲侧击地打听，得到了下列的资料：

❶ 乔依丝和他的太太互相搭配，正在桥牌赛中对抗西德尼和她的先生；

❷ 依夫林也会打桥牌，但是却没有加入。因为，她和西德尼的太太一样，最讨厌雷丝利的坏牌品；

❸ 希拉利正和希拉利的先生，畅谈国际局势；

提示

已知的资料总共有五条，但如果我们只是依赖文字的叙述，一定很难整理出头绪。那么，我们应该怎样才能够导出新的资料呢？

❹ 西德尼正在弹钢琴，旁边有两位女士聆听；

你已经搞糊涂了吧！我虽然已经获得这么多的资料，但是仍有身陷迷宫之感。不得已，我只好再将资料整理一遍，仔细思考后却还是找不出所以然来。不过，第二天我又意外获得了一条重要线索。那就是：

❺ 乔依丝的太太和希拉利的先生同名。

多了这条线索之后，这一道谜题就不难解开了。请问，谁的先生和希拉利的太太同名呢？

特别说明一点，即同一对夫妇之中，丈夫的名字和妻子的名字并不相同。

27. 落榜生的测验

有三个高中毕业生，不幸在今年的大学联考时落榜。某一天，他们共同参加了一次仅针对他们三人而举行的特殊测验。而且，计分的方法也和平常不一样，这项测验是按照名次的先后给分，而每科同名次所给分数都相等。到目前为止，我们仅知道考第三名的得1分，其他考第一名、考第二名的得分情形如何就不得而知了。

测验结束之后，将每个人的得分统计下来的结果是：郎雄得到22分，祖钦和俊彦各得9分。假定我们得知祖钦在英文测验中得到第一名，那么请问是谁在这次测验中的数学项目里，得到第二名呢？

以上叙述中，并没有明示这次的测验一共考了几科。而且，各科的第一名、第二名得分究竟如何，也是一个未知数。因此，我们似乎会以为这一个题目很难下手。不过，只要你能够从另外一条线索去探讨，就一定可以逐项解决这个问题。

提示

在这几科测验中，三人得分总和是多少？能否利用此线索，导引出新资料呢？

28. 谁说的是真话？

有一种将黑、白色纸贴在额头上，彼此猜出颜色的谜题，也可以算是推理谜题的杰作之一。本题正是那种推理谜题的变型之一，不过要比原型简单得多。

某人在A、B、C、D、E五位男士的额头上，各贴了一张或黑或白的小色纸。然后，要求他们围成一个圆圈，看清对方额头上所贴的色纸。所以，他们除了看不见自己额头上贴的究竟是白纸还是黑纸外，其他四个人的颜色都一目了然。

在这种情形之下，五个人之中，有四个人做了如下的发言：

A说：“我看到三张白纸，和一张黑纸。”

B说：“我看到了四张黑纸。”

C说：“只有一张是白的，其他三张都是黑的。”

D说：“我能看到四张白纸。”

只有E一个人，始终冷眼旁观，不动声色。

这四个人所说的话，都是个人之所见。但是，如果我们将这四个人所说的话汇集在一起互相比较，就会发现他们的话有极大的差距。

提示

五个人之中，究竟有几个人说谎呢？而且，我们应该怎样才能够确定他们所说的是谎话呢？

是的，这四个人之中，某些人并没有说实话，他们故意撒谎。

在探究是谁说谎背后，我们发现了一个有趣的现象。那就是凡额头上贴有白纸的男士，都说了真话；而贴有黑纸的男士，都说了谎话。

现在，请你回答究竟在五位男士之中，谁的额头上贴了白纸？

29. 谁杀了谁?

有六位男士——红祈、黑龙、白义、青山、绿松、黄汉——围坐在一张圆桌旁。不！我应该说得更清楚一些。在座的六个人中，有一个人已经趴在桌上死了。

凶手是活着的五个人之一。我们把到目前为止业已了解的事实，排列如下:

❶ 白义坐在对面那个人的伯父的左边;

❷ 现场没有被害者的亲人;

❸ 红祈向坐在自己右边的青山，要了一根香烟;

❹ 凶手旁边没有任何人的伯父或侄子就座，但被害者却正夹在这两者之间（亦即夹在伯侄关系的二人之间）;

❺ 坐在绿松右边的男士并不是白义，而且这个人的座位就在凶手的左边;

❻ 红祈一直注视尸体；红祈对面的黄汉则处于坐立不安的状态，不停的抽烟。

现在，就让我提出问题吧！请问，究竟是谁杀了谁?

提示

先想想白义是坐在哪个席位上？请留意题目中所叙述的动作，究竟是发生在何时?

30. 植树绿化

樱勇、松强、梅壮、桐康、杉健五个人是校友。最近，他们接纳了母校校长的建议，决定各自捐赠一些树苗给学校从事绿化运动。

因此，在植树节的当天，他们就各自携带了两株不同种类的树苗到学校去种。到了学校一看，发现他们所带的树苗，非常巧合的都是樱花树、松树、梅树、梧桐和南洋杉其中的两种。每一类树种有两株，且每一个人所选择的两种树苗，都和自己的名字没有关联。

现在我们已经知道以下信息。

名字和桐康所种的两棵树苗有关联的两个人，都种了松树。名字和杉健所种的两棵树苗有关联的两个人，都种了樱花树。而且，樱勇种了梅树和松树的树苗。

请问，梅壮所种的树苗是哪两种?

提示

先想想桐康种的是什么树呢？请你推测有几种可能性。

31. 三家人

凯川、英山、永冈三个人的太太是兰铃、百合和菊茜。而这三对夫妇各生了一个儿子，名叫一夫、二郎、三吉。按惯例，这种谜题是不会按照顺序标示人物和姓名的。

现在，就请你将这九个名字推理出三组正确的家庭组合。已知的资料如下：

❶ 永冈不是菊茜的丈夫，也不是二郎的父亲；

❷ 兰铃不是英山的妻子，也不是一夫的母亲；

❸ 如果一夫的父亲是英山或永冈，菊茜就是三吉的母亲；

❹ 如果菊茜是凯川或英山的妻子，百合就不是一夫的母亲。

或许你会觉得这个题目很难，但是笔者相信成功解题后的心情一定非常愉快。

提示

有些资料是条例式的，有些资料是文字叙述性的。到底哪一种会比较容易着手呢？有时候我们不妨将资料的一部分加以变型，比较能整理出头绪。但是，变型的时候可千万不要弄错原意哟！

32. 柔道比赛

谜题大学的柔道校队选手秋田、景上、宇启、江瑞、山佳，最近和附近一所大学的柔道校队举行了一次友谊赛。比赛的方式是采取循环赛制，也就是说每一个选手都要和对方选手各比赛一场。而且，每人每天仅出赛一场。所以，总计每天有5场比赛，连续举行5天（总共25场）。下述的情形，是在场观众的片段报导：

❶ 最后一天，江瑞和第二天打败山佳的选手比赛；

❷ 第五天，在第四天曾经出战山佳的选手和秋田互相对抗；

❸ 第一天打败江瑞的选手，在第二天输给了秋田；

❹ 第三天出战景上与第四天对抗山佳的选手是同一个人；

❺ 最后一天输给宇启的选手，曾经在第三天和秋田打成平手。

请问，是谁在最后一天和曾经在第二天打败景上的选手互相对抗？

提示

这个题目也是需要利用图表来推理的，但是对方选手的名字应该怎样处理呢？

33. 演艺圈的友谊

有五位著名的演员，我们就假设他们叫做A、B、C、D、E吧！他们有个共同的毛病，总是喜欢一起交朋友、一起与朋友绝交。

目前，这五位男士正和他们的第五任朋友交往。不过，这五位朋友对他们而言都不是生面孔。换句话说，这五位演员轮流和这五位朋友交往。所以，他们绝对没有和同一位朋友交往过两次或两次以上的记录。经调查后显示。

1. A的现任朋友是B的第二任朋友；
2. C的现任朋友是B的上一任朋友；
3. A的第一任朋友，做过C的第二任朋友；
4. D的现任朋友，曾经是C的第三任朋友；
5. E的第三任朋友和E绝交之后，与B做了朋友；
6. A的第二任朋友曾经是D的朋友，和A绝交后与E做了朋友。

请你根据上述的调查情形，推定E的第二任朋友，现在是谁的朋友？

提示

这也是应该做图表的问题，但如果做错图表，你就会陷入迷魂阵之中。

34. 手中的好牌

某一天晚上，有六个人一起玩梭哈。发牌后不久，他们就各自发现自己所拥有的牌真是不错。

现在，笔者就将当时他们各人手中所拥有的牌，按照大小次序排列出来：

1——同花大顺；

2——同花顺；

3——四条；

4——三条、一对；

5——同花；

6——顺子。

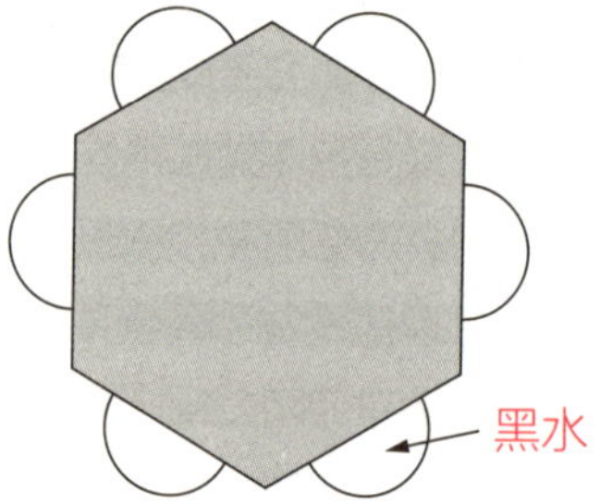

这六个人的名字，分别是红木、青山、白石、黑水，以及红木、青山的太太秀月和美雪。他们都各自以为拿到了最好的牌，所以个个笑逐颜开。其实，真正的情形是下列所示：

A —— 秀月右边的男士拿到的牌比红木好；

B —— 美雪右边的男士拿到的牌比青山好；

C —— 青山右边的男士拿到的牌比黑水好；

D —— 青山右边的男士拿到的牌比美雪好；

E —— 红木右边的女士拿到的牌比黑水好；

F —— 黑水右边的女士拿到的牌比白石好；

G —— 青山坐在美雪的正对面。

因为，每一个人都有自信会赢得这一局牌，所以没有人在中途放弃。因此，无论是男是女，一定是手中拥有最大牌的人获得胜利。现在，就请你根据上述的资料，说明这一场牌局中的最终胜利者是谁？

除此之外，也请你说明当时这六个人的位置如何？同时，也一并想想这六个人手中所拥有的好牌，各是什么？

提示

请先思考在男士之中，谁的牌最好呢？六个人之中，谁的牌又比他好呢？

35. 新华容道

某一社区的居民，为了增进彼此的友谊，决定自编、自导、自演一场话剧。

话剧的题目是“新华容道”，内容诙谐、热闹、有趣，完全不同于京剧。其中角色包括：关羽、曹操、刘备、诸葛亮和张飞五人。更绝妙的是扮演这五个角色的演员，居然也和剧中人同姓。换句说话，这五位演员分别是关先生、曹先生、刘先生、诸葛先生和张先生。因此，他们在分配角色的时候，就决定各自担任与自己姓氏无关的角色。

角色分配好之后，他们就展开一连串的排练。在预演那天，他们慎重其事地邀请了一位著名的电视导播来做最后的指导。结果，第一次的预演结束之后，这位导播先生就愁眉苦脸地摇着头说：“扮相太不适合了，要换！要换！”不得已，他们五个人只好更换角色。

而这次更换的结果，仍然没有一个人扮演与自己姓氏有关的角色，也没有人扮演预演之前自己所练习的角色。

提示

题目之中，前后所扮演的角色都已为人所知的，只有曹先生而已。因此，我们就可以利用这一项资料来做进一步的推理。读者应该明白，并非只有以资料型态所呈现的资料，才是真正有用的资料喔！

举例来说，后来扮演黑脸张飞的人，他的姓氏与关先生先前所排练的角色相同；扮演曹操的人，其姓同于诸葛先生先前扮演的角色；而曹先生之前背的诸葛亮台词，无助于后来扮演的关公角色。

请问，在真正演出时，是谁扮演张先生在预演之前辛苦排练的角色?

总而言之，预演前所决定的演员角色和真正演出时的演员角色并不相同。而且，无论是预演之前或真正演出时，都没有一名演员扮演和自己姓氏有关的角色。

相信读者只要善用这两项事实来整理上述这些拐弯抹角的谜题资料，就能够顺利地解决问题了。

所以，请你仔细想想看，并利用最简洁的方法来解题。

36. 凶手的证词

有个专门放高利贷的吝啬鬼，一向对人冷酷无情。

某天晚上，他在自己的公寓房间内被人谋杀了。由于被害者一向不太与人交往，也没有结婚，所以并没有直接的目击者。

但是，根据邻居的证词得知，当天晚上有四名男子曾经进入被害者的房间内。他们进入房间的时间，分别是晚上21点、22点、23点和24点。恰巧每隔一小时，进去一个人。

警方确信凶手一定是这四个人之中的一个或几个，于是便逮捕这四名嫌犯，分别盘问。他们的证词各自如下：

春男：❶ 凶手一定和我们四个人无关；

❷ 我离开时，这家伙还活着。

夏民：❶ 我是22点整进入那个房间的，可见我是第二个拜访他的人；

❷ 我到的时候，被害者已经死亡。

秋雄：❶ 我是第三个到他房间里面的人；

提示

既然四个人的证词都是谎言，那么，我们可不可以利用这点来推算出他们到达凶杀现场的次序和被害者的死亡时间呢？

❷ 我离开房间时，他还活着。

冬顺：❶ 凶手比我早到那个房间；

❷ 我到的时候，他已经死了。

这四个人的证词，经测谎器的分析结果得知，八句话都是谎话。

所以，显然这四个人在警方查问之前，就已经事先准备好谎话来应付警员了。但是，透过严密地追查，警方仍然调查出真正的凶手就是这四个人之中的一个，而且这个案件并无共犯。

请问，你能透过上述八句证词得知真正的凶手是谁吗？

请你按照条理依序推理下去。

37. 爱情旅途

造化作弄人，使得许多人的爱情旅途中，充满了艰辛和坎坷，这里就是一例。

四位青年一夫、二郎、三吉、四祥和四位少女春秀、夏娇、秋云、冬美八个人之间，在彼此的心目中各自拥有一名意中人，但却无法各遂其愿彼此相恋。

其中，一夫所爱的少女，正爱着暗恋春秀的男子。而夏娇则被二郎爱着的少女所爱的男子爱着。

而且，三吉也无法忘怀爱着四祥的少女。

另外，二郎不被秋云所爱，而被冬美所爱的青年又不爱秋云。那么，请问爱着一夫的少女是谁?

提示

解题的关键在于应该如何整理这些麻烦的资料。请注意：男、女八人之间，没有相知相爱的一对。读者不妨从这一点上着手。

38. 你考几分?

安平、今开、宇生、立本、金川五个学生，参加一次考试。上述名字的先后，就是按照他们的成绩优劣排列的。

考试科目共五科，包括有：语文、英文、数学、历史和物理。得分的方式，分别是各科的第一名得5分，第二名得4分，第三名得3分，第四名得2分，第五名得1分。当然，各人的总成绩，一定是由五科的总分来决定次序的。

而且，无论其中的任何一科或是总分，都没有两个同学以上得同分的情形。

安平的成绩非常好，总分有24分之多。而宇生则在五科之中，得到四科相同的分数。至于金川的物理是第一名，语文却是第三名。

那么，请你回答今开的物理成绩是多少?

提示

金川的总成绩排在末位，那么他的总成绩应该是多少呢？另外，也请读者想想我们是否能够查明今开的各科分数呢？

39. 骨牌游戏

图 A

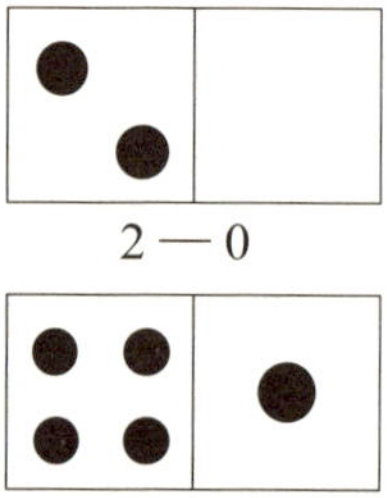

2 — 0

4 — 1

你知道一种叫多米诺的骨牌游戏吗？中国人很少玩这种牌，但在欧美却是一种人人会玩、盛行已久的游戏。

所用的牌如图A，是长方形木块（或骨）制成的。上面的图案，就好像是将骰子的两面连接起来一样。牌数总共有28张，上面各印有两组从0至6的圆点。

现在就请你解答以下利用骨牌游戏所设计出的谜题。

下图为出牌规则范例：

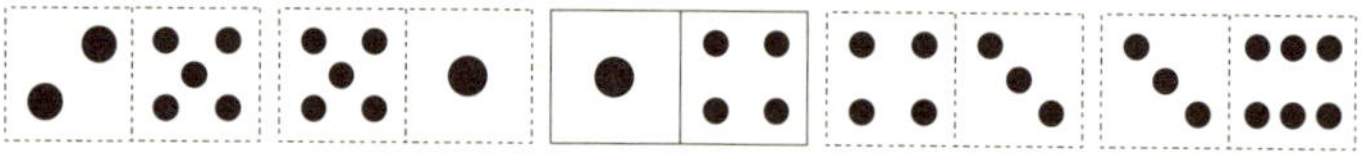

春珍、夏珠、秋玉、冬佩四个人一起玩骨牌。每个人手中，各握有7张牌。然后，按照上述的名字排列，依序出牌。出牌时，所出的

提示

请先想想一张骨牌牌面的数值，能够等于⑫或是⑪的机会共有多少呢？而等于⑩、⑨、⑧……的机会又各是多少呢？

牌一端上面的点数，应该和原本排列的牌一端上面的点数相同。也就是说，如果原本有一张牌的牌面是“1—4”。那么，出牌的人，就可以用一端有1或4点的牌来接下去。

这四个人各自出完两张牌以后（当然是每个人各出一张牌的第二次循环结束之后），桌面上的点数值总计如下：

春珍所出的两张——23。

夏珠所出的两张——20。

秋玉所出的两张——18。

冬佩所出的两张——16。

而且，春珍在第三次循环的起头时，所出的牌是“6—2”。

多米诺骨牌的28张牌

6 - 6	5 - 6	4 - 6	3 - 6	2 - 6	1 - 6	0 - 6
	5 - 5	4 - 5	3 - 5	2 - 5	1 - 5	0 - 5
		4 - 4	3 - 4	2 - 4	1 - 4	0 - 4
			3 - 3	2 - 3	1 - 3	0 - 3
				2 - 2	1 - 2	0 - 2
					1 - 1	0 - 1
						0 - 0

那么，请问头8张牌的牌面各自为何呢？

刚才，我们已经说过，第一张牌是春珍发的，接下来则是夏珠、秋玉和冬佩。而且，我们也说过，她们每一个人每一次循环都是按照骨牌的规则，各出一张牌来连接原来的牌面。所以，请你不要忘记这些排列的次序。另外，所谓“桌面的点数值”，是指将几张牌的牌面上的两个点数加在一起。例如：一张“6—2”的点数值就是6+2＝8。请读者千万留意。

40. 窃贼说了谎

某一个画廊不久前被偷走了十幅总价值约七百万元的名画，警方极力追查后，逮捕了三名嫌犯。

警方有把握真正的窃贼一定是这三名嫌犯中的一个，但是却苦于找不出确切的证据，只好一一盘问这三名嫌犯。当然，嫌犯没有在证词中透露自己的名字。

其中的一个嫌犯说：

❶ 一夫不是窃贼。

接着，警方继续盘问其他两名嫌犯。但这时偏偏因记录员的一时疏忽，而混淆了下面这两名嫌犯证词的先后次序。

所以，记录员只好随便在下面这两句证词上，填上❷、❸的号码。因此，请你记住下面这两句话的排列，并不代表发言的先后次序。

❷ 二郎所说的是真话。

❸ 三吉撒谎。

提示

因为我们并不知道到底是谁说了哪一句话，所以不妨利用嫌犯一夫是否有罪，来判断证词的真伪。另外，你还应该注意一下，是不是只有窃贼一个人说谎呢？

这二名嫌犯的证词，都是针对他们前面那一个人所说的话而提出来的反应。

而且，警方后来发现在这三个人之中，真正的窃贼说了谎。

那么，请问谁是真正的窃贼呢？

第三章 撒谎岛访问记

撒谎岛上有两支习性完全相反的部族，诚实族永远说实话，撒谎族永远说谎话，虽然习性不同，但其他方面则完全相同。当他们向你迎面而来时，你能分清楚他们的族别吗？快跟谜题博士一起来一次撒谎岛之旅吧！

41. 谁是诚实族?

谜题国的谜题博士，首度拜访撒谎岛。博士一下游轮，就碰到两位岛民。其中一位是高瘦子，另外一位则是矮胖子。当然，博士无法辨别他们两位各自属于哪一支部族。于是，博士就先问了高瘦子：“你是诚实族吗？”

“贝贝尔。”高瘦子回答说。

博士知道这是岛上的方言，但却想不起这句话到底是代表“是”或“否”。正当博士兀自纳闷的时候，矮胖子用谜题国的语言插嘴说：

“这家伙说的是‘是’。但是，你应该知道他最喜欢撒谎了。”

请问，这两个人之中谁是诚实族呢？

提示

这是撒谎岛谜题中，最传统的一种形式。原型当中应该有三位岛民，但是这题故意减少一人，使读者便于入门。你的观感如何呢？笔者认为这是一则十分难得的佳作！高瘦子的岛民说：“贝贝尔。”这是代表“是”或“否”呢？

42. 沙滩上的岛民

某一天，当谜题博士在沙滩上散步时，碰到三位躺在沙滩上晒太阳的岛民。博士一时兴起，对躺在最右端的那个人说：“请问，躺在你旁边的人是哪一族的呢？”

“他是撒谎族。”右端的人回答说。

其次，博士又对躺在中间的那位岛民说：

“躺在你两旁的人，是不是同一支部族的呢？”

“躺在我两旁的人，都是属于同一支部族。”

最后，谜题博士转向最左端的岛民说：

“这位躺在中间的先生，是属于哪一族的呢？”

“他是诚实族。”左边的这位岛民笑着回答说。

请问，这三位岛民之中，谁是诚实族呢？

提示

三人的答案中，我们应把焦点对准哪句话？左右两端的岛民是属于同一支部族吗？

43. 三位岛民

谜题博士在撒谎岛上住了一段时间以后，对岛上居民的特殊习性产生了无比浓厚的兴趣。有一天，他又习惯性地问他所遇到的三位岛民一个问题：

“你们是诚实族，还是撒谎族呢？”

第一个岛民回答说：

“我们之中有两位是诚实族。”

第二个岛民听到了他的回答之后，大大地摇头说：

“哪有这种事！我们之中只有一位是诚实族啊！”

第三个岛民听到了第二个岛民的回答之后，连忙点头说：

“对！你说得一点都不错。”

唉！又是一些令人莫名其妙的回答。你能从其中看出这三个人的部族吗？

提示

先想想第 个岛民是不是诚实族呢？

44. 四位岛民

谜题博士在撒谎岛的诚实路上逛街时，碰到了四位年轻男士。于是，博士又忍不住问他们：

“你们是诚实族还是撒谎族呢？”

这四个人相继回答：

“我们都是撒谎族。”第一个人说。

“我们之中只有一个人是撒谎族。”第二个人说。

“不！我们四个人之中有两位是撒谎族。”第三个人说。

“不管怎么说，我是诚实族。”第四个人说。

请问，这位自称是诚实族的第四位青年，是否真的是诚实族人呢？

提示

这四个人之中，有几位是诚实族呢？我们不妨采取各个击破的方法来判断。

Q 45. 不可靠族登场

某一天，有三位青年来到谜题博士的营帐内聊天。

其中，有一位是撒谎族，有一位是诚实族，而另外一位则是从邻岛来撒谎岛游玩的不可靠族（这支部族最难捉摸，因为他们有时候说谎，有时候诚实，想要怎么说就怎么说）。

这三个人并排坐在博士的面前，博士首先向坐在左边的那位男士问道：

“你旁边的先生，是哪一族的呢？”

“他是诚实族。”坐在左边的那位男士说。

其次，博士又直截了当地问坐在中间的那位男士：

“你是哪一族的呢？”

“我是不可靠族。”

最后，博士又转向坐在右边的那位男士，问道：

“你旁边的男士，是哪一族的呢？”

“这个嘛！……他是撒谎族。”

哎呀！真是各说各话，扑朔迷离。

但是，笔者仍然希望你能找出这三个人之中，谁是刚从邻岛来游玩的不可靠族？谁是童叟无欺的诚实族？

提示

先想想中间的那位男士是属于哪一支部族呢？请你特别注意，这三个人各自属于三支部族的其中一支。

46. 新的问话

有一天，谜题博士正在岛上溜达的时候，看到四位在椰子树下围着一张圆桌聊天的岛民。这四人中没有不可靠族。

谜题博士忍不住又想跑上前去调查他们分别属于哪一支部族。但是这次博士实在不愿意再拿那些千篇一律的问话来调查他们，所以就想出了一句新的问话，欲借此来判断这四个人的身份。

博士说："请问坐在你左边的人，是不是和你同一支部族呢？"

同样一句问话，A、B回答："是的！"C、D回答："不是！"

请问，博士是不是真能仅凭这一句话，就可以判断谁是撒谎族，谁是诚实族呢？

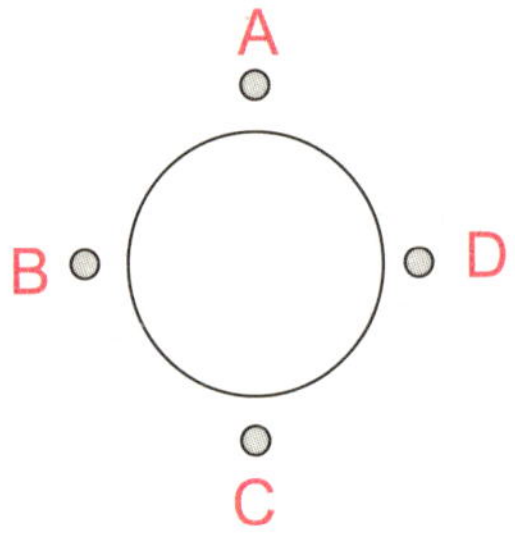

提示

请想想有没有四位岛民完全属同支部族的可能？如果，其中包括诚实族和撒谎族两种岛民的话，他们的坐法又应有几种可能？

47. 六位岛民

旭日东升、晨雾渐散后，谜题博士照例又沿着海岸线做每日的晨间慢跑。突然，他发现前面不远的草地上，有六位岛民正在跳土风舞，于是他兴致勃勃地加入他们。

“你们之间，有几位是诚实族呢？”博士忍不住又问。

第一个人回答说：“有两位。”

第二个人摇摇头，接着说：“不！只有一位。”

第三个人听了以后，以懒散的语调回答说：“唉！连一个诚实族也没有。”

第四、五位回答说：“我们之中共有三名诚实族。”“没错，有三位。”

听到这里，博士仍无法判断他们之间共有几名诚实族。但是等博士听完第六个人的回答后，一切疑问涣然冰释。那么，请问这六个人之中共有几位诚实族人？

提示

先想想第六个人是如何回答的呢？请注意，既然博士听了他的回答之后，一切疑问涣然冰释。那么显然他的答案，使博士只有一种选择。

48. 撒谎岛大会

某一天，撒谎族和诚实族的长老们，在岛上的市政厅开会。开会讨论的主题是：应不应该让邻岛的不可靠族移民到撒谎岛上来。因为不可靠岛的人口过剩问题实在是太严重了，不得不要求撒谎岛开放禁止移民条例。

开会的时候，撒谎族和诚实族双方都派了许多长老参加。这些长老们夹杂地坐在一张圆形会议桌的四周，选出主席和副主席后，便展开热烈的讨论。

谜题博士也走进会场去旁听他们的讨论，但是博士始终搞不清楚发言者究竟是撒谎族还是诚实族？

于是博士一个个地去问，不过所有的长老都说："我是诚实族。"

这也难怪，撒谎族只能说谎，所以他们绝对不可能说："我是撒谎族。"

在无可奈何之下，博士只好再次询问他们："请问你的左边是诚实族还是撒谎族？"

其实这也是白问，因为每一个人都说左边是撒谎族。

提示

请先想想为什么所有的人都声称自己是诚实族而左邻是撒谎族呢？在哪一种条件下，才会出现这样的答案呢？

博士非常泄气，遂停止继续调查他们究竟是属于哪一族的念头。但过了两三天之后，博士越想越不甘心。他想："至少我应该知道，参加这次会议的长老一共有多少人吧！"于是，他就跑去问当天的主席。主席说："参加会议的长老，一共有41人。"然而，谁也不能保证这位主席本身就是一位绝无虚言的诚实族人。

博士为了慎重起见，又跑去问当天坐在主席旁边的副主席。副主席说：

"那一天参加集会的两族长老，一共有48人。"接着，副主席又摇头说："你千万不要上了主席的当，他可是撒谎族中的撒谎高手。"

这不就更让人摸不着头绪了吗？他们两个人的答案相差甚远，到底要相信谁的答案才好呢？也就是说，到底参加这一次会议的长老，一共有多少人呢？

49. 不可靠族移民

不可靠族简介：

撒谎岛开放禁止移民条例之后，邻岛的不可靠族就大量地移民进入撒谎岛。

虽然，他们和撒谎岛的原来两族居民相处得十分融洽，但是这些不可靠族仍然令人头痛。因为，他们所说的话不一定是实话，也不一定是谎话。

不过，即使他们的话十分不可靠，却也不像文明世界中的人一样，总是为自己的利益说谎。他们也有他们的自尊，所以在回答别人的问题时，一定遵守一项不变的原则，那就是如果有人连续问他们两件事情的时候，他们的回答之中，一定有一句是真话，有一句是假话。这种奇妙的原则，是不可靠族引以为荣的习性。

不过，虽然我们知道，如果他们的第一句话是假话，第二句话就一定是真话，我们仍然觉得，他们的回答让人难以捉摸。因为，谁也不知道他们究竟是先说真话，还是先说假话。

总之，先真先假全凭他们的兴致。

天啊！从下一个题目开始，他们一定会把我们的谜题搞得天翻地覆，只好请读者千万小心了！

不可靠族终于大量移民到撒谎岛上来了。

谜题博士闻讯，连忙跑到撒谎岛上的市集区去看热闹。在那里，博士遇到了三位丰姿绰约的女性。

博士虽然知道其中有一位是诚实族，有一位是撒谎族，另外一位则是新近移民而来的不可靠族，但搞不清楚究竟这三人的族别各为何者?

于是，谜题博士就想要彻底了解她们三位所分属的部族，以便满足自己的好奇心。不过，对方终究是小姐，博士也不便询问太多的问题，以免引起误会。

因此，博士思考片刻之后决定，每一个人各问两句话。也就是说，博士总共提出了六句问话。这六句问话，都能够以“是”或“否”来回答。而且，博士就靠这六句问话得到了答案。

请问，博士是怎么问这三位女性的呢?

读者对于这个题目，所提出的答案可能各不相同。因此，笔者愿意再附加两个条件作为提示:

❶ 博士的问题非常简单;

❷ 博士所提出的六句问话，完全相同。

那么，就请你提出最合理、最简单明了的答案吧!

提示

当然，读者对于这个题目一定有很多不同的解答，但是笔者希望你能根据附加的两个条件，提出最精要的问话。

50. 三位男士

谜题博士在不可靠超级市场购买日用品的时候，碰到了三位男士。

他们的手臂上分别刺上了自己名字的刺青。其中，有一个叫迦蓝，有一个叫查蓝，还有一个则叫达蓝。当然，博士仍然无法看出他们究竟是属于哪一支部族。

于是，博士就先询问手臂上刺有“迦蓝”的人说：“请问，你是属于哪一支部族的呢？”

迦蓝回答说：“我是诚实族。”

其次，博士又问查蓝：“你是属于哪一族呢？”

查蓝一脸严肃地回答说：“我是撒谎族。”

因此，博士紧接着问他：“那么，你认为迦蓝的回答是真的吗？”

查蓝笑着说：“当然是真的啦！”

最后，博士转向达蓝问：“你是属于哪一族的呢？”

提示

经过前面的训练后来到这里，你可以发现这个谜题实在是太简单了！笔者相信你并不需要什么暗示，就可以准确求出正确的解答。

达蓝简单而且肯定地说：“诚实族。”

博士接着又问他：“迦蓝是属于哪一族呢？”

“他是不可靠族。”达蓝低声且爱理不理地说。

请问，这三个人分别属于哪一族呢？

51. 卡片的颜色

谜题博士有一天在参观、访问时，遇见了一位谜题国的老朋友。这位老朋友已经在撒谎岛上的小学执教了一段时间，他说：“刚开始的时候，我也一样无法分辨孩子们究竟各自属于哪一族。于是，我想出一个办法——把三个不同种族的孩子们，一组一组地叫进办公室来。”

老师看到博士点头称许，连忙兴奋地说下去：

“然后，把一张彩色卡片拿给他们看，要求他们回答这是什么颜色。当然，以他们的程度而言是绝对认识这个颜色的。

其次，我又再拿出一张彩色的卡片，同样要求他们说出是什么颜色。他们的回答，分别是这样的：

第一张卡片 —— A蓝、B红、C红；

第二张卡片 —— A红、B蓝、C红。

我想，既然您是一位谜题博士，我当然可以请教您一个小问题！”

提示

请先想想先后拿出的两张卡片，共有几种颜色组合呢？另外别忘了，孩子们的回答之中，除了诚实无误的真话外，更有完全相反的谎话。还有一点，这三个小孩绝对没有认错颜色。

这位老师用充满挑衅的眼神，注视着博士说：

“请问您，我拿出的两张卡片是什么颜色呢？当然，不是两张蓝色，就是两张红色，要不然就是一红一蓝。请您猜猜看好吗？”

博士听完之后，得意地笑着说：

“我不仅可以猜出这两张卡片的颜色，还可以知道哪一个人是不可靠族呢！”

读者可以猜得出来吗？请你代替博士回答吧！

52. 方城之战

某一天晚上，谜题博士应邀参加一次盛大的晚宴。正餐结束后，有四位男女在起居室内展开方城之战。博士没想到岛上居民居然会玩麻将，所以特地跑到桌旁观看。看了一会儿后，博士好奇地对四位岛民提出三个问题以期了解四位岛民的部族。

第一个问题："你的上家（左邻）是属于什么族？"

第二个问题："你的对家（对面）是属于什么族？"

第三个问题："你的下家（右邻）是属于什么族？"

岛民对于这三个问题的回答，分别依序如下：

东家——不可靠族、诚实族、诚实族；

南家——撒谎族、撒谎族、不可靠族；

西家——诚实族、撒谎族、撒谎族；

北家——不可靠族、不可靠族、撒谎族。

请问，这四个人分别属于哪一支部族？

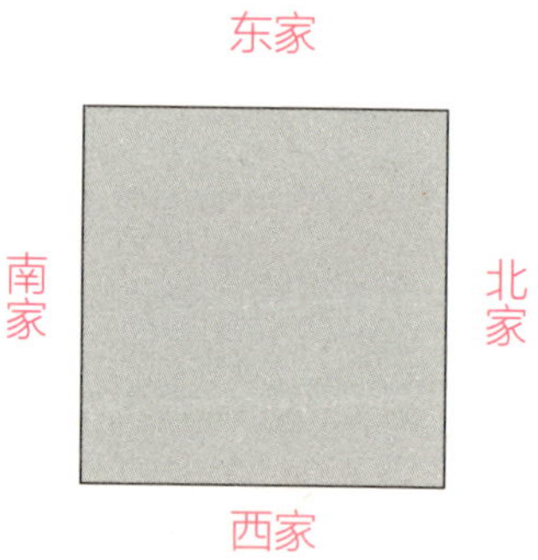

提示

东家的第三个答案是实话还是谎言？请把四个人的答案整理成简单明了的图表。

53. 三角桌

这次博士碰到三位岛民，坐在一张三角形的桌边。他照例对他们提出下列问题：

❶ 你属于哪一支部族？

❷ 你的左邻属于哪一支部族？

❸ 你的右邻属于哪一支部族？

发问时的次序，是按照顺时针方向一个一个问下去的。现在，我们假定这三个人的名字是X、Y、Z。则他们的答案分别是：

X的答案：❶ 不可靠族、❷ 诚实族、❸ 撒谎族；

Y的答案：❶ 不可靠族、❷ 诚实族、❸ 撒谎族；

Z的答案：❶ 诚实族、❷ 撒谎族、❸ 撒谎族。

请问，这三位岛民分别属于哪一支部族呢？

提示

先把三个人的左邻、右邻是谁搞清楚后，再想想这三个人之中有几个是诚实族的。

54. 运动会

某一天，谜题博士匆匆赶去撒谎大运动场参观第四届诚实杯田径赛的时候，100米短跑的决赛已经结束，正在颁发前三名的奖牌。

博士无法分辨得奖人究竟各自属于哪一族，因此就转向身旁的两位观众问：

“请问你们两位是属于哪一支部族呢？”

两位岛民互相指着对方的鼻子说：

“这家伙是不可靠族。”

两位岛民虽然一高一矮，博士却也无法看出他们究竟是属于哪一支部族，当然也就不能够立刻相信他们所说的话。

不过，博士仍然接着问：

“那么，冠军是哪一支部族的人呢？”

“诚实族。”高个子回答。

“不！他是撒谎族。”矮个子面不改色地说。

“亚军呢？”

“不可靠族。”高个子回答。

“诚实族。”矮个子瞪着高个子说。

提示

请先想想这两位观众有没有同为不可靠族的可能性呢？再者，他们有没有同为诚实族的可能性呢？

“好吧！季军呢？”

“撒谎族。”高个子说。

“不可靠族。”矮个子肯定地回答。

这两位岛民的三次回答都完全不同。

请问，这两位岛民各自属于哪一支部族呢？另外，前三名的人，又各自属于哪一支部族呢？

55. 银行家、医生和老师

谜题博士有一天在不可靠咖啡屋休息的时候，看到了三位举止严肃的岛民，正坐在咖啡屋中央的大理石圆桌旁讨论事情。三人的坐位安排请见下页附图。

博士很想知道，他们三位究竟是谁？

恰巧这时，博士的桌旁走过来一位他所熟识的诚实族岛民。于是，博士就对这位岛民提出他的疑问。当然，既然是诚实族的岛民，他的回答也就应该毫无疑问。

据这位诚实族岛民的说法，他们通常都称呼这三位举止严肃的人士为银行家、医生和老师。不过，这只是一种昵称而已，和他们的职业完全不同；但非常凑巧的一点是这三个人的职业也恰好分别是银行家、医生和老师。

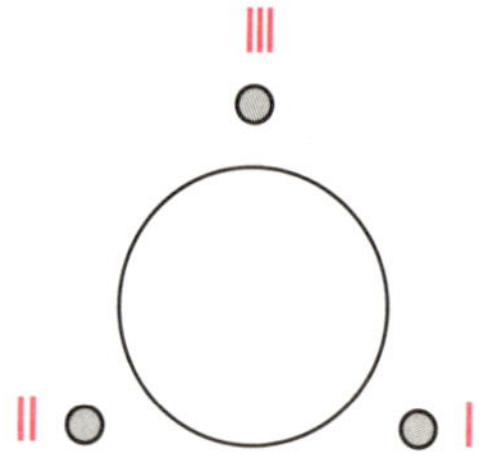

提示

请特别注意这三个人讨论自己的部分，并想想不可靠族者的昵称是什么呢？

博士听了之后非常纳闷，很想再继续追问下去。但是，偏偏这位诚实族岛民家中有急事，不得不先告辞。博士无奈，只好自己走到他们三位的桌旁，直截了当地提出下列四个问题：

❶ 平常别人都怎么称呼你的呢？

❷ 你是属于哪一支部族？

❸ 你右边的这位先生是从事什么职业？

❹ 别人通常都怎么称呼你左边的这位先生？

当然，这三位举止严肃人士的回答分别如下：

第一位岛民——❶ 老师、❷ 不可靠族、❸ 老师、❹ 银行家；

第二位岛民——❶ 老师、❷ 不可靠族、❸ 银行家、❹ 银行家；

第三位岛民——❶ 老师、❷ 撒谎族、❸ 医生、❹ 银行家。

现在，请你说明这三位岛民的昵称是什么？职业是什么？

当然，这三个人之中，包括几个诚实族？几个撒谎族？或几个不可靠族？对我们来说，都是未知之数。

另外，笔者再次强调，别人对于这三位岛民的称呼，并不是他们三位本身真正所从事的职业，请你千万注意这项说明。

56. 苏苏区

博士因为连日的旅途劳顿而染上重感冒，只好躺在撒谎医院的病床上休养。

某天午后，博士刚睡醒不久，突然有四位岛民拿着鲜花、水果来探病。这四位岛民都是来自撒谎岛上的苏苏区。苏苏区是一个三族混居的小部落，有一个特殊的风俗习惯，就是那里的居民都以植物名称来命名，还会把名字刺在自己的左手臂上。

博士曾在半个月前拜访苏苏区，认识一些当地居民。不过，博士虽然可以明确地从他们的手臂上看出每个人的真实姓名，却始终无法弄清楚他们究竟各自属于哪一族。

这四位探病的苏苏区居民，一看到博士就唠唠叨叨地说个不停，好像忘了博士是个病人，需要安静。他们的牢骚分别如下：

西瓜：❶ 冬瓜向我借了十个冬瓜；
❷ 胡瓜是诚实族；
❸ 冬瓜是诚实族；
❹ 南瓜向我借了五个南瓜。

冬瓜：❶ 胡瓜是撒谎族；

提示

我们可以从南瓜的❶中，推断出什么？南瓜是不是真的向西瓜借了五个南瓜？

❷ 我没有向西瓜借过十个冬瓜；

❸ 南瓜有三个太太；

❹ 胡瓜向我借了十个胡瓜。

胡瓜：❶ 我是岛上最弱小的男人；

❷ 我是岛上最穷的人；

❸ 我是岛上最丑的男人，没有人比我更丑了；

❹ 我有五个太太。

南瓜：❶ 我不是诚实族；

❷ 我没有向西瓜借过五个南瓜；

❸ 胡瓜不是不可靠族；

❹ 胡瓜是单身汉。

他们各自说了那么多话，把博士都搞糊涂了。请问，这四个访客究竟各自属于哪一支部族？他们的16句谈话中共有几句是正确的？

57. 不可靠岛

虽然撒谎岛开放禁止移民条例之后，有许多不可靠族的人移居到撒谎岛定居。但是，不可靠岛上仍然住了将近一百万以自己部族为荣的不可靠族。这些不可靠族的习俗也和那些迁居撒谎岛的不可靠族一样，说话时总是一真一假或一假一真，绝不连续说真话，也绝不连续说假话。

不过，不可靠岛上的不可靠族还可以分成下列三种：

第一种：第一句话一定说真话；

第二种：第一句话一定说假话；

第三种：第一句话或许是真话，或许是假话，全凭他们的情绪而定。

博士听说这些更为奇特的风俗之后，就迫不及待地搭上了开往不可靠岛的班机去访问那些岛民。一下飞机，博士马上看到三位岛民正围坐在候机室内的圆桌旁聊天。博士虽然知道这三个人分别属于第一、二、三种不可靠族，但却弄不清楚他们三个人究竟各属哪一种。

于是，博士就按照顺时针的座位方向，对这三位岛民提出了下列三个问题。

提示

假如第一位岛民是不可靠族的第一种，那么属于第三种的是哪一位岛民呢？请你先查明这一点吧！

❶ 请问你叫什么名字?

❷ 你的左邻是谁?

❸ 他（左邻）属于哪一种不可靠族?

他们三位的答案分别是：

第一位：❶ 我叫罗密欧，❷ 我的左邻是哈姆雷特，❸ 他属于第二种不可靠族;

第二位：❶ 我叫哈姆雷特，❷ 我的左邻是马克白，❸ 他属于第一种不可靠族;

第三位：❶ 我叫罗密欧，❷ 我的左邻是哈姆雷特，❸ 他属于第二种不可靠族。

现在，请问这三个人之中的第三种不可靠族，他所说的第一句答案是真话？还是假话?

58. 撒谎岛上的通婚

博士从不可靠岛回到撒谎岛之后，又开始他每天的例行散步。某一天，他看到四位妇女在公共泉水边洗衣服，边洗还边聊天。她们一看到博士，就连忙招呼他过去聊天，并把这周听到的马路新闻全部说给博士听。但是，博士搞不清楚哪一位妇女属于哪一族，也就不敢完全相信这些妇女们的情报。

不过，笔者应该特别声明一点，就是撒谎岛上的婚姻制度。或许是因为他们站在优生学的观点上，十分忌讳同部族之间的婚姻关系。所以，岛上的法律特别规定，同部族的男女不得通婚。也就是说，撒谎族的婚姻对象，一定要是诚实族或不可靠族。但是，他们双方在结婚之后，仍然保持自己与生俱来的习性。诚实族永远诚实，撒谎族永远撒谎，不可靠族永远一真一假，本质至死不渝。

博士所遇到的这四位妇女都已结婚，她们的丈夫分别是杨春、洪韶、白展和严局。不过，博士并不知道谁是谁的配偶，也不知道他们究竟分属哪一支部族。

现在，笔者就列出当天这四位妇女所说的话：

玛亚：❶ 白展是努亚的丈夫；

提示

弥亚的❷是实话还是谎话？我们不妨先调查弥亚是属于哪一种族？她丈夫是谁？

❷ 白展是撒谎族；
❸ 严局不是撒谎族。
弥亚：❶ 努亚不是诚实族；
❷ 我的丈夫是诚实族；
❸ 我的丈夫是杨春。
努亚：❶ 美亚嫁给了撒谎族；
❷ 洪韶是诚实族；
❸ 玛亚是撒谎族。
美亚：❶ 弥亚是诚实族；
❷ 努亚是撒谎族；
❸ 玛亚是不可靠族。

请问，这四位妇女的丈夫各自是谁呢？

59. 草地上的野餐

前面我们已经说明了岛上的婚姻制度规定，同族的男女不得通婚。所以，岛上的夫妇一定是分别属于两支部族。但是说也奇怪，这些夫妇所生的子女，却完全不遗传双亲的习性。也就是说，撒谎族和诚实族的孩子，一定是不可靠族。不可靠族和诚实族的孩子，一定是撒谎族……

博士某天到撒谎坡去游览的时候，看到四个家庭的大人、小孩正在草地上野餐。非常凑巧的一点是每一个家庭的成员都是三个人。也就是说，每一对夫妇各带了一个小孩出来郊游。

但是，等到吃完餐点之后，自然而然地男人就和男人、女人就和女人、小孩就和小孩，一组一组地分散开来聊天、游戏。所以，博士无法更进一步地弄清楚，哪一个小孩是哪一对夫妇的孩子。

不过，博士发现他们之中，无论男女、大小都在手臂上刺着自己的名字。因此，只要是有关于名字的部分，都是毋庸置疑的。

四位丈夫的名字是卫士忌、伍加皮、白兰帝、邵兴。

四位妻子的名字是桃花、荷花、菊花、梅花。

提示

菊花的丈夫是属于哪一支部族？她自己又是属于哪一支部族？不妨先做一张表来整理资料，相信对你的推理过程一定有很大的帮助。

四位小孩的名字是子虎、子豹、子狮、子象。

当然，博士绝对不可能按照名字的排列先后来组合这四个家庭，也不可能一看就知道他们各自属于哪一支部族。因此，只好聚精会神地旁听这四位妻子的谈话。

桃花：❶ 子象是白兰帝的儿子；

❷ 邵兴是子豹的父亲；

❸ 子狮是撒谎族。

荷花：❶ 子豹是诚实族；

❷ 菊花是不可靠族；

❸ 子豹不是我的儿子。

菊花：❶ 梅花不是诚实族；

❷ 我的儿子是诚实族；

❸ 我的丈夫是撒谎族。

梅花：❶ 荷花是撒谎族；

❷ 我在8年前嫁给邵兴；

❸ 荷花和伍加皮属于同一支部族。

这一题，请你试着组合出四个家庭的三位成员名字，并且分别说明他们各自属于哪一支部族。

60. 混乱岛

在撒谎岛南端不远的海面上，有一个更为怪异的混乱岛。岛上的住民共有四种，我们同样无法一眼看穿他们各自属于哪一支部族。

❶ 撒谎族 —— 每一句话都是谎言。

❷ 奇数日族 —— 每逢当月的1、3、5、7等奇数日，就说实话。若逢2、4、6、8等偶数日，则说谎话。

❸ 三五族 —— 只有周三、周五说实话。其余都说谎话。

❹ 一四族 —— 除了周一、周四外都说实话。而且，在周一和周四的时候，交互说实话或谎话（也就是说，在这两天是不可靠族）。

博士在最后一天的旅程中，特别拜访了混乱岛。在岛上的博物馆内，博士碰到了五位混乱岛的岛民，他们的名字分别是阿儿、卡儿、萨儿、达儿、纳儿。当然，名字是绝对毫无疑问的，只是博士无法一眼看出他们究竟属于哪一支部族而已。

这五位岛民分别对博士说了以下的话：

阿儿：❶ 今天是14号；

❷ 卡儿是奇数日族。

卡儿：❶ 今天是13号；

提示

五个人的15句发言中，哪一句话是最好的线索呢？卡儿的发言❷、❸似乎很适合——纳儿果真是撒谎族的吗？

❷ 纳儿是撒谎族；

❸ 我是奇数日族。

萨儿：❶ 今天是周一；

❷ 纳儿是三五族；

❸ 卡儿也是三五族。

达儿：❶ 卡儿不是一四族；

❷ 昨天是15号；

❸ 萨儿是三五族；

❹ 今天周一。

纳儿：❶ 明天不是周三；

❷ 阿儿不是一四族；

❸ 阿儿和达儿同族。

这个问题不仅复杂而且困难。不过，笔者仍然希望读者能够说明这五个人分别属于哪一支部族？当天是当月的几号、周几？

第四章 这才是真正的推理谜题

现在，我们即将进入更为艰苦的斗智战争！接下来的题目更难、线索更繁杂，但是愈难的谜题，解题后所获得的快乐也愈多。在面对挑战前，先喝杯茶休息一下吧！

61. 谁跑了最后一名?

张松山、王竹春、李嵋田三个人，都各以自己孩子的聪慧活泼为荣。因此，有一天他们决定实际比赛看看，究竟是谁家的孩子最优秀。他们一致通过的比赛方法是由三家的九个小孩（张、王、李每一家各三个小男孩）做100米的短跑竞赛。

比赛的计分方法并不随年龄的差异而有特殊规定，只要是第一名的孩子就可得9分，第二名的孩子可得8分，第三名的孩子可得7分……所以，第九名（最后一名）的孩子，只能可怜兮兮地得到1分。

比赛当天，九名小朋友都为了争取家庭的最高荣誉而全力以赴。结果，比赛成绩出乎意料地圆满。因为，每一家小孩的总分都完全相等，证明了这三家小孩的优秀程度不分伯仲。比赛的结果，并没有两个人同时抵达终点的情形，也没有任何一家兄弟之中的两人或三人连续抵达终点的情形。而且听说得到第一名的是李家的长子，得到第二名的是王家的老幺。那么，请问是谁家的儿子跑了最后一名?

提示

请先想想张、王、李每一家的总得分各是多少呢?

62. 谁来跳舞?

某晚，当舞会的主人宣布：“各位先生、女士，我们再放九首舞曲，就结束今晚的舞会，祝各位愉快。”时，有四对夫妻决定，尽可能地在下面的九支舞中交换舞伴。因此，在这最后的九支舞中，没有一位先生邀请自己的妻子为舞伴。可是，因为只有四对男女，却要跳九支舞，所以难免有同一位男士邀请同一位女士两次以上的机会。但是，虽然有上述同一对男女在九支舞中重复为伴跳舞的情形，却从来没有一次是四对男女搭档组合完全相同、重复的。

（1）B先生在第一、二次的扭扭，和第二次的华尔兹，邀a夫人为舞伴；

（2）c夫人和B先生跳的是第一次的华尔兹和另外两次的吉鲁巴、伦巴；

（3）C先生和b夫人跳第一次的扭扭和伦巴，和d夫人跳第一次的华尔兹，和a夫人跳第二次的探戈；

（4）c夫人在第二、三次的扭扭时，和D先生共舞。

我们对于这四对夫妇交换舞伴的情形，所得的资料只有这些。至于九支舞曲的演奏次序如下：

提示

B先生第❺、❻、❼支舞的舞伴是谁呢？C先生第4支舞的舞伴又是谁呢？

❶扭扭；❷华尔兹；❸探戈；❹扭扭；❺吉鲁巴；❻探戈；❼扭扭；❽伦巴；❾华尔兹。

在上面的四项资料中，都未提及A先生之名。请问，他是和哪几位女性、跳哪些舞呢？

63. 迷糊娇娃

大家一定了解，人的记忆是不太可靠的。现在，笔者就举出一个实例。

有七位谜题学院女同学，感情十分融洽，经常同进同出。而且，她们还有一个共同的毛病，就是糊涂、莽撞。每次有人问她们问题，她们总是尚未听完便不假思索地开口回答，所以往往不是会错意就是记错。同学们都戏称她们是“迷糊娇娃”。

某次，笔者为了试试看她们究竟有多糊涂，就对她们提出了下列七个问题：

1. 林老师家里养了几只狗；
2. 王老师是从哪一个县调来的；
3. 曾老师开的是什么牌的车；
4. 李老师写短评投稿时，用的笔名是什么；
5. 丁老师最喜欢的饮料是什么；
6. 邱老师最喜欢看什么报纸；
7. 杨老师是什么学校毕业的？

笔者知道这七位女同学对这七个问题都了如指掌。但是，她们偏偏又犯了老毛病，不是会错意，便是记错。所以，她们的答案逐一列

提示：

可先比较一下有三句正确回答的两个人的答案，看看有没有答案相同的例子呢？

示后，简直乱得一塌糊涂。

雪娇：❶五只、❷台北县、❸裕隆、❹高原、❺咖啡、❻中央日报、❼台大。

月桂：❶三只、❷桃园县、❸喜美、❹金川、❺汽水、❻联合报、❼政大。

花芳：❶三只、❷新竹县、❸喜美、❹鹤冈、❺可乐、❻联合报、❼师大。

春枝：❶四只、❷桃园县、❸福特、❹金川、❺咖啡、❻中央日报、❼政大。

夏美：❶五只、❷台北县、❸丰田、❹黄河、❺汽水、❻联合报、❼成大。

秋玲：❶三只、❷苗栗县、❸丰田、❹高原、❺汽水、❻中国时报、❼东海。

冬玉：❶四只、❷新竹县、❸丰田、❹高原、❺咖啡、❻中央日报、❼东海。

据说，这些答案之中，雪娇和月桂的正确答案各自只有三个。其他五个人更差劲，仅仅各自答对两项。

因此，若在丁老师不喜欢喝咖啡的情况下，这七个问题的正确答案应是什么呢？

64. 共进晚餐

某一晚，有七位男女共进晚餐。他们的名字分别是雪艳、月眉、花玉、春吉、夏祥、秋平、冬安。他们七个人并不属于同一个家庭，而是分别属于月眉、秋平、夏祥三个家庭。

除了秋平和冬安两个孩子是初中的小男生之外，其余的五个人，分别是王先生夫妇、李先生夫妇和寡妇林太太。当然，我们并不知道，这七个人的名字究竟是冠上了哪些姓氏（妻子已冠夫姓）。

等到这七个人全部就座之后，雪艳就在坐在她自己和李太太中间的春吉耳朵旁边悄悄地说：

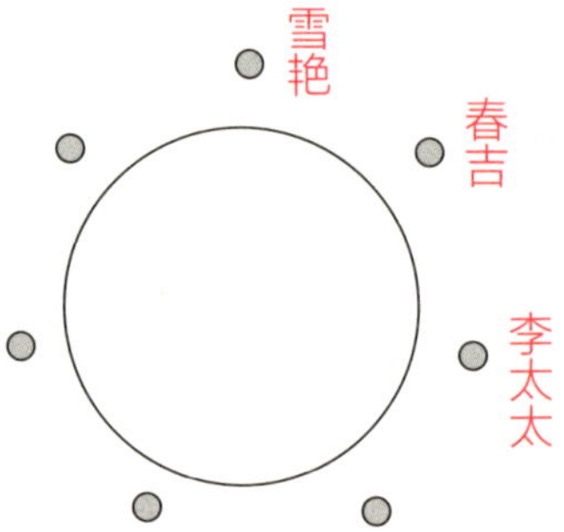

提示

请特别注意这里的三位女士，均冠夫姓。亦即先生姓王，太太亦姓王。那么，春吉和雪艳各姓什么呢？

“今天的座位安排，我真是伤透了脑筋。你看！既没有同一家人坐在一起的情形，也没有男和男、女和女、小孩和小孩坐在一起的情形。这样才是真正的联谊呢！”

“说得也是，两个孩子都坐在距离自己母亲最远的座位上。这样一来，他们就可以放心地大快朵颐了。”

春吉环视大家的座位后，佩服地点头称是。

现在，假设春吉坐在雪艳的左边。

那么，这七个人的座位应该如何安排呢？

65. 选美比赛

丁杉雄、张柏健、王松青、林梅伟四位先生各自有一位年龄相若的漂亮女儿。所以，某一天当他们聚会共进晚餐的时候，他们的话题就围绕在他们漂亮的女儿身上。

“我的女儿最漂亮。”“不！我的女儿更漂亮。”如此争来争去，总争个没完。

“不如投票表决选出最漂亮的女儿。”杉雄灵光一闪，想出了这个好办法。

“我们应该让每一位女孩子都有公平得票的机会，所以，我们四个人每人各投五票。这五票一定不可以有任何一票是废票。当然，如何分配选票是个人自由，但是每个人投给任何一位女孩的票都不可以超过三张，也就是说，每一位女孩最多只能得到某位父亲的三票。现在，我们每个人各出1000元，哪位女孩在这次的选美中登上后座，我们就把这4000元奖金奖给她。”

杉雄的提议，马上得到其他三位父亲的赞同。因此，这四位男士就慎重地在各人的五张选票上，圈选出他们心目中最漂亮的女孩。

投票的结果，五个人分配票数的方式都完全不同。例如：假使有

提示

请先想想五张票的分配方法有几种呢？杉雄给柏健的女儿几票呢？

一个人投的是2、2、1、0的五票，就不会再有另外一个人照这种分配法投票。

柏健认为，对于朋友的女儿们，他应该给予相同的票数，因此他就真的很平均地把票投给她们。

梅伟在投票规则所允许的范围内，把最多的票数投给了自己的女儿林小美。

松青对自己的女儿有绝对的信心，因此他很大方地把票都投给了三位朋友的女儿们，而没有投给自己的女儿王小英。

杉雄则将相同的票数投给了张小华和王小英。

不过，这一次的选美比赛并不算是非常成功。当然，站在另一个角度来看，也许是皆大欢喜。因为，开票的结果每一位女儿都各自得到了五票。所以，她们的父亲决定由她们四个人来平分这4000元奖金。

现在，笔者要问的是：究竟是哪些人，各投了多少票给了小莉呢？

在第四章中，这一题应该是较简单的题目，希望你能够在10分钟内解决。

66. 第五街的店铺

谜题国第五街上，有四家店铺。这四家店铺分别是铁工厂、米行、自行车店、银楼。而这四家店铺的老板，凑巧也姓铁、金、米、车。当然，这些姓氏是不可以和店铺的排列次序互相对照相连的。

假如，这些老板之中铁先生开铁工厂、金先生开银楼的话，不是很奇妙吗？但是真令人失望，这四位老板和四家店铺之中，竟然没有一个这样的例子。

这四位老板各自有一个儿子和一个女儿，儿子们都在另一条街上经营同样的铁工厂、米行、自行车店和银楼。不过，奇怪的是居然没有一位儿子继承他父亲的衣钵，也没有一个儿子所经营的店铺和自己的姓氏有关。

四家的女儿，各自嫁给了自己兄弟之外的其他家三个儿子之一。说也奇怪，四位小姐的娘家姓氏，完全没有和丈夫、公公的职业相吻合的情形。举例来说，车家女儿所嫁的丈夫和她的公公，绝对不是自行车店的老板。

提示

请先想想如果银楼老板不是车老先生，银楼老板的儿子不开自行车店，那么银楼老板应该姓什么呢？

为了便于读者进一步探讨这项错综复杂的关系，笔者愿意再提供几项有利的资料给读者参考。

❶ 银楼老板的儿子，娶了车先生的女儿。

❷ 金先生的儿子不开自行车店。

❸ 米家父亲的买卖，和刚成为车太太的女孩之娘家姓氏有关。

现在，请你根据以上这些资料，查明八位男士所经营的买卖究竟是什么？四位太太的娘家姓氏是什么？

67. 马拉松大赛

白桦镇不久前举办了一次冬季马拉松大赛。虽然事前镇政府曾经大肆宣传，广邀选手参加。但或许是因为天气太冷了，参加的选手寥寥可数，仅有八人。不过，这八位选手仍然秉持着最佳的运动精神为夺得冠军而全力以赴。比赛结果如何呢？我们还是请这八位选手亲口告诉你吧！

A：“B是冠军；我跑在G的前面。”

B：“G比E快；H比D快。”

C：“我比H快；D比F强多了。”

D：“我是第二名；C不是最后一名。”

E：“我被F超过；不过，我也超过了B。”

F：“A不是冠军就是亚军；E不是第四名。”

G：“我和D曾有一次忽前忽后的拉锯战，但我胜过了D。”

H：“我超过A；D赢了B。”

这八位选手各说了两句话，所以我们可判断结果的资料多达16

提示

请先想想如何才能从16句发言当中找出唯一正确的呢？我们不妨把每一句话都反过来思考。

条。但是，根据冷眼旁观的观众说，这八个人的16句发言，只有一句是实话。

其他的15句话不是谎话就是记错了。

请问，在这次的赛跑中，A到H八个人，是以何种次序抵达终点的呢？另外，也请你查明唯一的一句实话是哪句？

请读者放心，本题绝不会玩弄小技巧欺骗读者。例如，假使题中有G超过E的说法，就绝对不可能有E到终点又超过G的情形发生。

不过，本题虽然没有玩弄小技巧，题目之中的错误发言却远较正确发言来得多。因此，还是需要你多花一些脑筋来思考！

68. 交换礼物

秋雄、井书、西田、江陵、伟山都是钻石企业公司业务部的职员。某一次，公司派他们分别到五个不同的地方去出差。回程的时候，这五位平日相处融洽的同事，不约而同地在出差当地购买了一些土产，准备回来之后，赠给其他四人之中两位或两位以上特别亲密的同事。他们五个人购买礼物的总金额凑巧都是500元。

他们所购买的礼物，金额都是以100元为单位，也就是说并没有任何一件礼物是几百零几十元的情形。同时，这五个人购买礼物的金额分配方式亦各不相同。

举例来说，如果有一个人是以买一件400元、一件100百元的礼物，分赠给两位同事的方式来花掉500元时，就不会再有其他人以这种比例方式来购买总金额500元的礼物。

出差期满回到公司之后，这五位同事纷纷把礼物送给其他四人之中跟自己比较亲密的同事。结果如下，

❶ 秋雄赠送300元的礼物给江陵。

❷ 西田赠送100元的礼物给伟山。

❸ 伟山赠送100元的礼物给井书。

提示

请先想想以100元为单位来分配这500元时，不同的分配法有哪几种呢？300加200，300加100加100，还有……

❹ 井书赠送200元的礼物给江陵。

❺ 西田赠送100元的礼物给秋雄。

此外，已知:

❻ 秋雄、井书、西田、伟山都收到了江陵所赠送的礼物。

不过，真是凑巧，无论他们五个人各收到几个人的礼物，所得到礼物的总金额正好也都是500元。换句话说，他们五个人的收支正好平衡。

请问，秋雄收到哪些人赠送的礼物呢？这些礼物各值多少钱？

69. 自修时间

有五位学生，同住在一间外语学校的宿舍里面。校方对于外语的自修时间有严格的规定，因此时间一到这五个学生都会同时就座自修。

他们五个人都选修了五科相同的外语，不过因为每一种外语的字典都只有一本，所以不能够同时有两个以上的人复习同一种外语。

某天，笔者调查他们的自修情形后发现以下信息。

❶ B君翻开俄文教科书时，A君总是在念法文。而且，A君研究法文的时候，B君也总是埋头苦读俄文。

❷ D君阅读俄文时，B君总是在复习西班牙文。而且，只要B君念西班牙文，D君就一定是在研究俄文。

❸ A君温习德文，B君温习法文时，C君总是翻开意大利文的课本。

❹ 可是，假设A君阅读德文，B君阅读西班牙文的时候，C君绝不复习法文。

提示

想一想A君读德文，而B君读法文的组合有可能出现吗？A君读德文，B君读西班牙文是否能够成立？A君读德文，B君读俄文的可能性又如何呢？

❺ C君研究德文，D君研究西班牙文时，B君一定是在复习意大利文。

❻ C君不念法文时，B君也绝对不念德文。

❼ 不过，假如C君在研究法文，D君正在温习西班牙文时，E君就一定是在埋头苦读德文。

那么，如果❽E君正在念意大利文，而且❾C君正好不是念西班牙文时，A、B、C、D各自所复习的是哪一科外语呢？

70. 期末考试

谜题大学有五位模范生最近再度接受一次期末考试，目的在于选拔本年度之智育首奖得主。

主考教授的计分方式稍有不同，他规定在某一学科之中得到第一名者得1分，第二名者得2分，第三名者得3分……依此类推。成绩愈低者得分愈高。

考试科目共五科，因此如果某一位学生在每一科之中都得到第一名的话，他的总分就应该是5分。不过，非常遗憾的是，这五名学生并没有如此杰出的人才。即使是得到智育首奖的林生，其总分也高达12分。

现在，笔者稍微说明一下考试的结果。

林生的总分比李生少2分，而其余三人按照成绩高低（亦即由分数从少到多）的排列依序是周生、方生、丁生。

这五位学生各有专长，因此每个人在五科考试之中，各得到一次第一名。

提示

可以先想想其余三人的五科总分各有多少？请不要忘记这，三个人的分数是按照成绩的降低而升高的。

林生的历史得到第一名。

李生的语文是第一名，但是在物理、英文两科中仅得第三名。

周生的物理是第一名，而数学是第二名，历史是第三名。

丁生不擅长历史，但是却得到数学第一名、英文第二名。

请问方生的各科分数如何？

当然，没有一个以上的学生在同样一个科目中考同样一个名次的情形，也没有一个以上的学生总分相等的情形。

71. 黑帮内讧

谜题城内的黑社会势力非常嚣张。某天，警方自线民处得知本地最大的鬼熊帮发生内讧，该帮老大被手下的干部之一杀害了。

警方虽然得知老大是被干部之一所杀，却不清楚凶手究竟是谁，也不知道凶手如何处理尸体。因此，警方便传讯鬼熊帮的四名涉嫌干部。

四名干部的供词分别如下列所述。

快枪阿铁："昨天晚上22点，老大被人用手枪打死。他是在堤防上被杀的，尸体投入河中。杀死老大的是蝮蛇阿秀。"

蝮蛇阿秀："老大是被人用扁钻刺死的。昨晚21点在铁桥上被杀，尸体投入河中。刺死老大的是杀手阿政。"

杀手阿政："老大是昨晚23点被赌王阿龙用扁钻在堤坊上刺死的，尸体埋在A大厦建筑工地的地底下。"

赌王阿龙："昨晚深夜24点，老大在家中被人用手枪射杀，尸

提示

请想想正确的供词一共有几个呢？如果凶杀地点是在堤防上，那么，有关这项的正确供词最多有几个？可先算出每一类的正确供词最多可以有几个。

体装箱了。杀死老大的是快枪阿铁。”

这四个人的证词各有出入。后来，警方成立专案小组严密调查、破获此案之后，发现这四名涉嫌干部的供词之中，每一个人各说了两句实话、三句谎话。

现在，笔者希望你能回答：用来杀人的凶器是什么？行凶的时间和地点为何？尸体的处理方法是什么？以及杀死老大的凶手姓名？

请你查明四名涉嫌干部的供词何者为真，何者为假，并且进一步回答上述五项问题的答案。

72 还剩几个球?

某箱子内装有黑球、红球、白球各四颗。箱子里面漆黑一片，只有一个小洞可以伸手进去拿出球来。现在，请你在最少的限度内，摸出两颗同色的球来。

当然，如果我们能够看见箱内的球色，自然可以爱选什么颜色就选什么颜色，随便拿出两颗同色球就可以了。但是，在无法看见箱内球色的情况下，拿错颜色的机会非常多。除了特别幸运之外，很难有仅拿出两球便同色的机会。因此，往往拿出来的球数超过两个。不过，这个题目希望你能在最低的限度内拿出两颗同色球来。

虽然希望你在最低限度内拿出两颗同色球，此题却不承认有巧合、幸运的情况存在。亦即不承认仅仅拿出两颗或三颗球，就凑巧有两颗同色球的情形。本题所考虑的是在最不幸、最恶劣的情况下，我们至少要拿出几颗球来，才能得到两颗同色球。

在这个题目中，如果你能马上想到无论拿出黑、红、白任何颜色的两颗球都可以的话，你就能够立刻找出答案。

提示

想一想若欲取出两颗同色球和一颗别色球，在运气最差时最少要拿出几颗球呢？当然，这里也和例题一样，在运气最差时先拿出来的四颗球都会同色。

上述所谓考虑最恶劣、最不幸的情况，是说拿出的第三颗球仍然和前两颗球的颜色不同时，所拿出的第四颗球一定不会再落空。因此，这个谜题的正解是“最少球数是四颗”。

现在，我们就利用这个自古流传的谜题作为前提，来考虑下面的谜题吧！

有两个箱子各装12颗球，这12颗球包括黑、红、白球各四颗。

闭上眼睛，先从第一个箱子内拿出几颗球，这时无论任何颜色均可，但是本题所要求的是推测出拿出包括两颗同色球和一颗别色球的最少球数。这里所说的最少球数和例题一样，而且希望读者千万记住所取出的总球数，一定要在最低的限度之内。

接着，再请读者将从第一个箱子内取出的球放入第二个箱子内。然后再闭上眼睛，从第二个箱子内拿出几颗球放入第一个箱子内，使第一个箱子内的球，至少包括三种颜色的球各三颗。这次的取、放球数，也同样只是正好满足条件所需要的最少球数，亦即没有多取出（或放入）一颗超过“最少需要”的球。

请问，第二个箱子里面现在还剩下几颗球?

73. 总机小姐的恶作剧

阿雄在奇妙企业公司国外部服务，他发现他们公司的总机小姐虽然个性活泼，但是对于她自己分内的工作却十分负责，甚至连国外部七位同仁和他们女友之间的约会时间、地点等，她也都毫无怨言地替他们转达通知。

可是，某个周六的下午，不知是这些仁兄中的哪一位惹怒了这名总机小姐，她一气之下想出了一个恶作剧来报复他们。

总机小姐先打电话给这七位同仁的女朋友，征询这些女友欲把约会地点各定在何处，然后再把错误的地点告诉那些男士。但是，这样仍然无法消除总机小姐胸中的怒火。于是，她又打电话告诉那些小姐："你交代的地点对男士有些不便……"然后，假托那些男士的意思，告诉那些女友到另一个约会地点。

当天晚上，那些女友前去总机小姐通知的地点约会时，都只看到了男朋友的同事。而这七位男士当然也都无法在总机小姐所通知的地点看到自己的女朋友（只看到同事的女友）。

提示

请先想想在已知范围内，谁是谁的恋人呢？谁又在何地遇见了谁？先把已知部分整理出来，即可减少未知部分。

譬如，济田就被骗到电影院门口碰到阿雄的女朋友雪琼；而本来希望在电影院门口见面的宇观之女友夏瑶，当然也被骗到另一个地方；江汉的女友冬美在百货公司门口碰到敬岛时，大吃一惊，其实本来希望在这里约会的是春丽；而江汉所去的地方是敬岛的女友花芳原本想去的公园，但他在这里碰到的居然是济田的女友春丽；志川到了冬美原本想去的夜店时，竟然看到了花芳。

请问，阿雄被骗到火车站门口（这是志川女友月秀原本想去的地方）时，看到了谁？此外，宇观、木毅各被骗到什么地方，看到了谁？

附带一提的是，木毅的女友秋芸原来计划在咖啡店和木毅见面；阿雄的女友则原本希望在餐厅约会。总之，情况十分复杂，请你替笔者查明谁是谁的女友？谁被骗到何地？别忘了，没有一位女友到她们原本计划的地点去。

74. 十年后的同学会

有七个高中时代相处融洽的同班同学，在毕业十年之后的同学会中见了面。见面交谈之下，才知道他们每一个人现在都已经各自开了一家店铺，小有成就。他们所经营的生意分别是西服店、烟酒经销店、水果行、面包店、文具行、书店和皮鞋店。

他们七个人在同学会结束后，为了庆祝大家的重聚，决定交换礼物以作为纪念。

他们所交换的礼物，恰巧是他们七个人所经营的店铺里面所出售的物品。但是，没有任何一个人把同样一种礼物送给两个以上的人。也没有任何一个人收到两个以上相同的礼物。更没有人把自己店铺中所出售的物品送给他人，或收到自己店内所出售的物品。

他们所交换的礼物，有下列几项：

❶ 皮鞋店老板所收到的是烟酒店老板所送的书，文具店老板所送的糖果，西服店老板所送的文具；

提示

请注意，糖果是面包店所出售的物品。可先想想皮鞋店老板所收到的六种礼物是什么？他送给烟酒店老板的礼物又是什么？

❷ 烟酒店老板收到面包店老板赠送的文具；

❸ 书店老板除了送糖果给西服店老板外，还送了洋酒给面包店老板；

❹ 水果行老板送给西服店老板的礼物是酒；

❺ 烟酒店老板送给面包店老板的礼物是文具；

❻ 水果行老板收到的礼物是皮鞋店老板所赠送的书和文具店老板所赠送的西装；

❼ 听说皮鞋店老板送给烟酒店老板的礼物和西服店老板送给面包店老板的礼物一样。

如果，面包店老板送给书店老板的礼物不是西装，那么西服店老板送给书店老板的礼物应该是什么？

75. 武侠小说迷

我家附近有五对夫妇都十分喜欢看武侠小说，他们分别是古家夫妇、金家夫妇、倪家夫妇、东方家夫妇和独孤家夫妇。

某次，我心血来潮特别请这五对夫妻分别选出一位自己最喜欢的武侠小说作家。结果，古红、金匡、倪龙、东方庸、独孤玉这五位作家各得两票。真是令人莞尔，因为，这五位作家的姓氏居然与这投票的五对夫妇之姓氏不谋而合。

基于这项有趣的结果，笔者仍再进一步地调查这五对夫妇各自投了哪一位作家的票，结果发现一件更绝妙的巧合，那就是竟然没有一位丈夫或妻子喜欢和自己同姓的作家（附带说明一点，本题所有的妻子一律冠夫姓，亦即妻子和丈夫的姓氏相同），也没有一对夫妇彼此共同喜欢同一位作家（亦即丈夫和妻子所喜爱的作家不同），而且，五位男士之间和五位女士之间，所喜爱的作家也各不相同。

此外，笔者还发现以下信息：

❶ 倪先生所喜爱的作家是古红；

❷ 东方先生对倪龙的作品爱不释手；

提示

请先想想倪太太所喜欢的作家是谁呢？是东方庸？还是……

❸ 独孤夫人未曾读过倪龙和金匡的作品；

❹ 古太太不太喜欢独孤玉的作品；

❺ 金太太几乎没有读过东方庸的作品；

最后，笔者再提供一个类似谜题而拐弯抹角的资料；

❻ 姓氏和倪太太所喜爱的作家相同的太太所喜欢的作家，和喜欢倪龙的那位太太同姓。

你是否已经弄清楚情况了呢？我希望你回答的是：独孤先生所喜欢的作家是谁？

76. 触犯校规

据说谜题女子学院的管教十分严格，凡是学院的女学生都不准和任何男生走在一起，即使是自己的父亲和兄弟也不例外。

某天，整个学院里面为了前天晚上发生的一件事情闹得不可开交。原因是住在宿舍内的11名女生中，竟然有一位跑到公园内和一名男生散步，而且状极亲昵。但是，校长仅知道这11名女生中有一名跑出去约会，却不知道究竟是哪一位?

于是，校长就把11名女生叫到校长室内盘问，目的当然是希望查明究竟是谁触犯校规外出约会。这11名女生的回答如下。

林小美：“去约会的是田小美。”

丁秀莉：“不！那是我。”

朱淑香：“丁秀莉撒谎。”

王芳华：“不只丁秀莉撒谎，连林小美也撒谎。”

李芷玲：“去约会的是朱淑香。”

李文玉：“不是朱淑香，也不是我。”

李雨苹：“去约会的女孩，和我不同姓。”

提示

不妨利用有七位以上的女生撒谎的事实，为溯源之本吧!

田小美："不是朱淑香，就是王芳华。"

黄小美："除了我之外，和我同名的两个女孩都撒谎。"

周秋燕："三个李姓同学里面，只有一个说实话。"

许少梅："不！三个李姓同学里面，有两个说实话。"

大家虽各说各话，但这位校长向来精明，他马上察觉其中有七位以上撒谎，而且还知道是谁触犯校规。请问，究竟是谁跑到公园里和男生约会呢？

本题一会儿出现三名同姓的女生，一会儿又出现三位同名的女生，是不是已经把你搞糊涂了？在一般的推理谜题中，发言的人不过几个，只要抽丝剥茧，马上就能找到答案。不过，这题恐怕就没那么容易了；提供的资料也很复杂，只知道撒谎的女生有七位以上，确实的数目是多少？有几句谎话？都是未知数。

现在，就请你多费一番心思去推理、研究吧！

77. 猫狗命名

春平、夏安、秋吉、冬祥四个人是五福高中同班同学。他们不仅平时相处融洽，连嗜好也非常接近，每一个人都养了猫、狗各一只。他们认为，自己喜欢猫、狗的程度相当于喜欢朋友的程度，所以就以朋友的名字来为自己的猫、狗命名。

当然，猫、狗的命名是经过四个人彼此互相协调而定的。他们决定每一个人都用其他三个人之中的两人的名字为自己的猫、狗命名，所以不仅四只狗的名字各不相同，连四只猫的名字也绝无和同一个主人的狗的名字互相重复的情形。

例如，和春平的猫同名之少年所养的狗就叫秋吉；和夏安之狗同名的少年所养的猫和饲养名为秋吉之猫的少年同名。

很麻烦吧！不过，还是要请问你哪个少年所养的狗叫做冬祥呢？

提示

请注意，在第二章曾经有过类似的问题，请你利用上次的经验来进行推理。春平所养的猫可能叫做秋吉吗？会不会是叫做冬祥呢？

78. 扑克牌游戏

现在有八张牌面朝下的扑克牌，可暂时先定上一些号码，排列如下图。

这八张扑克牌中：

❶ 至少有一张Q；

❷ 每一张Q（如果Q有一张以上）都夹在两张K的中间；

❸ 至少有一张夹在两张J中间的K；

❹ J和Q不相邻；

❺ A只有一张；

❻ K和A不相邻；

❼ 至少有一张K和另一张K相邻；

❽ 八张扑克牌，都是K、Q、J、A，没有其他点数的牌。

请问，在这八张有号码的扑克牌中，哪一张是唯一的A？

提示

请先想想Q有几张？不可能是Q的牌又是哪几张呢？

79. 选手村内的选手

世界奥林匹克运动会的选手村内，汇集了来自全球各地的选手。其中有四名跳高选手一见如故，马上成为形影不离的好朋友。但是，这四人的交往难题就在于彼此之间语言的沟通不易。

其实，站在客观的立场来说，这四位选手的语言能力都还算是不错，因为每一个人至少都能够流利地使用英、法、德、意语之中的任何两种语言。不过，很不凑巧的是居然没有一种语言能够同时沟通这四个人的意思，事实上，只有三个人能够不通过翻译，而以一种共同的语言自由交谈。

经过笔者仔细观察之后得知：

❶ 没有一个人能够同时流利地使用法语和德语，也就是说，能说法语的人一定不会说德语，反之亦然；

❷ 约翰不会说英文，但是在彼得和约可夫谈话的时候，他可以充当临时翻译；

❸ 约可夫会说德语，也可以不经翻译就和不懂德语的威廉说话；

❹ 约翰、彼得、威廉三个人可用一种共同语言交谈，但是这三个人所使用的另一种语言都各不相同。

请问，这四个人所能流利使用的两种语言各分别是什么？

提示

请先想想约可夫所能说的另一种语言是哪一国语言呢？

80. 猎物的得分

某天，谜题国的四名狩猎者到路途遥远的彩虹高原上，去猎捕猛兽。

这四个人的绰号分别是虎男爵、豹博士、狮将军和万绿丛中一点红的鬣狗女士。据说，他们在抵达高原的第二天就展开了一整天的猎捕行动，直到太阳西下之后，才结束当天的狩猎行动。

他们所射猎的动物有狮、豹、虎、鬣狗四种，因此，他们决定比比看谁的本领较高。比赛的方法是规定所猎获的狮子每头几分、老虎每头几分等，按照动物的类别规定分数的多寡，用以比较总分。不过，当他们在决定狮子的分数时，大家的意见有些分歧。这也难怪，因为捕获狮子的只有豹博士一个人，而且也只有一头。

最后，大家商议的结果终于还是决定了四种猎物的分数。狮子当然最高，其他依照分数高低的次序分别是老虎、豹和鬣狗。

利用这种计分法来计算猎物的得分时，这四个人的总分一共是

提示

请先想想鬣狗女士和狮将军的得分和是多少？如果可以从此分数来缩小鬣狗女士的得分范围，则难题将迎刃而解。

18分。就个人而言，鬣狗女士的得分最低，为此，她气得嘟着嘴巴，满脸的不高兴，因为就头数而言，猎获数量最多的是她。

此外，听说虎男爵和豹博士的得分之和，恰巧与狮将军和鬣狗女士的得分之和相等。

对了，笔者还要附带说明的一点是，他们四个人所猎获的动物中，豹只有三头。

现在，笔者所要请问读者的是：有几头动物被和自己同名的猎人捕获？

很抱歉，你是否觉得我所提出的资料太少了呢？不知道各人捕获的猎物内容尚且还有话说，连一共捕获几头都是未知数则未免太过分了。而且不但不知道各种猎得物所占的分数，甚至四名狩猎者各得几分也如坠雾中。

乍看之下，所有的条件提示都充满着疑问；不过，请读者切勿抱怨，因为所有明白正确的线索都已经在文中显示出来了。

千万不要觉得困难就中途而废，请你费心而仔细地推敲吧！

第五章 最后冲刺

亲爱的读者，我们的谜题即将进入尾声了！相信你已经具备很好的基础了，只要根据已知条件逐项推理，一定能够顺利找到正确答案。

81. 哪一种是王牌?

某几个人聚在一起玩牌，其中有一个人拿到了下列几张牌——在这一题中，最适合的是玩桥牌，不过，倒不一定要当做桥牌来思考，只要求你了解这个人的手中究竟拥有哪些牌就可以了。

❶ 牌数共有13张。

❷ 红心、黑桃、方块、梅花四种花色的牌，至少各有一张。

❸ 每一种牌的张数各不相同。

❹ 红心和方块一共5张。

❺ 红心和黑桃一共6张。

❻ 指定为王牌的那种牌只有2张。

请问，这四种牌（红心、黑桃、方块、梅花）之中，哪一种是王牌?

提示

请先想想13张牌中四种不同花色的牌的分配情形有几种？红心有几张？

82. 我最聪明

有六名实验班的同学都自认很聪明，每一个人总是坚持“我的头脑最好”或“我最聪明”，争来争去，谁也不肯屈居下风。老师无奈，只好让他们接受一次智力测验来决定智商的高下。

这一次的智力测验共分六回合，每一回合的测验中，第一名得6分、第二名得5分、第三名得4分……名次愈低，则分数愈低。也就是说，最后一名仅能得一分。

结果测验的情形如何呢？我们假设这六名同学分别是A、B、C、D、E、F。他们的说法如下：

A：“B的得分比我高，我只赢过B一次。”

提示

请注意，所谓X赢Y，当然是指前者得分较后者高，但是，这并不表示X和Y的名次就连在一起，仅只是表示Y的分数较X低而已。另外，所谓“P在第X回合赢Q”的说法，也仅限于那回合的测验，并不影响到其他回合。请读者特别注意这两个概念。再者，D的每回合测验名次和B、E、F三个人获得第一名的三回测验，对我们来说都是非常重要的线索。因此，可先想想E得第一名的是哪一回合呢？而A得第一、二名的又是哪些回合呢？

B：“在最后一回合的测验中，E的分数比我高。”

C：“我只有在一、四两个回合中赢了A，而且在最后三回合中，D的分数都比我高。”

D：“每一回合测验，我的名次都有进步。”

E：“我只得过一次第一名，在我得第一名的前一次是B得到第一名，后一次则是F得到第一名。”

F：“还是我的头脑最好，B赢了A五回合，而我却赢了B四回合。”

不过，真正查看测验的结果却发现，这六个人的总分竟然完全相等。而且，在六回合的测验中，没有一个人得过二次以上的相同分数。

请问，第三回合测验的结果，从第一名到第六名的排列次序如何?

83. 谁是下毒者?

司马、欧阳、张简、诸葛四人在餐厅吃宵夜。吃了一会儿，诸葛突然趴在桌上状极痛苦，显然有人在他的面里下毒。警察赶到现场进行盘问，同桌三人各说了两句：

司马：❶ 我坐在欧阳的旁边；

❷ 我的右邻不是欧阳就是张简，这个人不可能毒害诸葛。

欧阳：❶ 我坐在张简的旁边；

❷ 诸葛的右邻不是司马就是张简，这个人不可能毒害诸葛。

张简：❶ 我和诸葛相对而坐；

❷ 如果我们之中撒谎的只有一个人，这个人就是下毒的坏蛋。

警察：❶ 你们之中有唯一的一人撒谎；

❷ 是你们三人中的一个人下了毒。

请问，谁是下毒者？当然，警员说的话绝对正确。

提示

想一想四个人的坐法有很多种，而哪种坐法才能符合只有一个人撒谎的条件呢？

84. 俱乐部代表

谜题社区素以人口密集而闻名，社区内设有象棋、麻将、桥牌、国际象棋和围棋五个休闲俱乐部。但是，各个俱乐部之间，却从来没有互相交流联谊，使社区主席深以为憾。因此，他决定召开一次会议，邀请五个俱乐部的代表来讨论这个问题。

各俱乐部所派出来的代表分别是智源、传文、明峰、德凯、忠民五个人，不过，他们除了知道自己的身份之外，没有一个人晓得其他人各代表了哪一个俱乐部。

这五位代表的职业分别是公务员、小说家、漫画家、警察、教师，恰巧每一个人的职业都各不相同。当然，我们也无法依照排列的先后，而知道什么名字的人是从事什么样的职业。

而且，这五人虽然都晓得共有五种职业身份者参加，却不清楚各位的职业为何？

社区主席为了增加会议的趣味性，也为了满足自己的捉弄心理，就在会场的墙壁上贴了一张表（见下页表），要求代表们画线将五个人所属的俱乐部名称、职业和人名连接起来。

人名	俱乐部名称	职业
智源	象棋	公务员
传文	麻将	小说家
明峰	桥牌	漫画家
德凯	国际象棋	警察
忠民	围棋	教师

可是，在毫无线索的情况下，绝对无法展开推理。社区主席有鉴于此，邀请每个人做一个最低限度的自我介绍；不过，这个自我介绍

只能说出自己不属于哪个俱乐部、不从事哪一种职业，而不能说出自己属于哪一个俱乐部、从事哪一种职业。

代表们的自我介绍分别如下：

智源："我不是国际象棋俱乐部的代表，也不是小说家。"

传文："我对麻将缺乏兴趣，也不是警察。"

德凯："我不是麻将俱乐部的会员，也不是小说家。"

听到这里，明峰突然站了起来，主席知道明峰向来很机警、智商也很高，于是眉开眼笑地等待着他的回答。

明峰："我好像有个模模糊糊的概念了，假如麻将俱乐部的代表是小说家，智源就是国际象棋俱乐部或围棋俱乐部的代表，传文就是公务员或漫画家。"

听完明峰的发言后，主席将目光转向忠民的脸上，因为他确信忠民又比明峰更加睿智，果然忠民不负主席所望，立刻站起来说：

"德凯一定是国际象棋俱乐部或围棋俱乐部的代表，只是我尚不能断言他究竟属于哪一个俱乐部而已；另外，德凯的职业不是警察就是漫画家。"

在此，笔者为了方便读者推理，特别泄露另一项资料——

这五位代表中，漫画家不是麻将俱乐部的代表，小说家不是国际象棋俱乐部的代表。

读者想必已经有了粗略的概念了吧！

究竟谁代表了哪一个俱乐部？他的职业是什么？请读者仔细查明。

提示

请先想想明峰属于哪一个俱乐部？他的职业又是什么？

85. 花花公子之死

有一个花花公子，在一栋大厦的套房内遇害，案发的现场有三名女人，警方推测是感情纠纷所致。不过，在这里我们暂且不管凶杀的动机如何，只将其焦点集中在谜题的本身即可。

三位女子的名字分别是玫瑰、百合、蔷薇，其中有一个是真正下手杀死花花公子的凶手，有一个是配合凶杀行动的共犯，另一个则为现场目击者，同时也是与此事无关的无辜者。

案发后，警方专案小组搜集到了三句证词，都是三个女人所说。只是，我们并不知道哪一句话是哪一个女人所说的，证词如下：

❶ 玫瑰不是凶手；

❷ 百合不是共犯；

❸ 蔷薇不可能是无辜的。

仅仅搜集到这三句证词，实在令人头痛。于是，警方乃深入查出下列三项事实：

A 无论哪一句证词，发言者都是以自己之外的女人为话题；

提示

如果能够知道无辜者的证词是哪一句，不就简单多了吗？那么，到底她说了几句证词呢？一句？两句？

B 不是主犯也不是共犯的女人，最少说了一句证词；

C 只有不是主犯也不是共犯的女人所说的话，才是实话。

请问，真正下手的女人是哪一位？

这里虽然恰巧有三句证词，但却不一定是每个人各说一句话，也许有的多说了一句，也许有的一句也没说。

86. 日月潭划船

有四对夫妻各带一个女儿到日月潭去旅行，他们计划由各家的男主人摇桨划船，欣赏湖光山色。因此，他们总共租了四艘小船。

不过，让那些每天都相处在一起的夫妻和女儿坐在一起，有什么乐趣呢？因此，这四位男士决定每人各载一位友妻和另一名朋友的女儿；而且，每次小船靠岸之后，都要变更船上的搭档。也就是说，两位女性在一艘小船上同游之后，就不再有机会同乘一艘小船。

午饭前，田先生载着林夫人；午饭后，林先生载着田先生的女儿；下午15点午茶时间之后，田先生和朱先生的小船不幸相撞，使得林先生的女儿跌入水中。

另外，丁先生当然也和其他三位男士一样，各划过三次船，分别载过不同朋友的女儿、妻子。请问，丁先生三次所载的女性分别是谁？

提示

可想想15点的午茶时间过后，林小姐所坐的船是谁划的？而同船的太太又是谁？

87. 黑球红球

有四名男士A、B、C、D同时接受智力测验，他们面前都放有一个同样形状、大小的瓮。瓮内装有各色小球，其中一个装的是三颗黑球；一个装的是两颗黑球、一颗红球；另一个则装一颗黑球、两颗红球，最后一个装的是三颗红球。每个瓮内的球数都相同，但球色却各不相同，同时，他们并无法从瓮外看出瓮内的球色。

主考官在每一个瓮外，都贴有一张标签，其标签如下：

黑3、黑2 —红1、黑1 — 红2、红3

不过，主考官特别声明，任何一个瓮外所贴的标签和瓮内所有的球色都不相同，换句话说，瓮内所装的球色，都不符合标签所示。

主考官把四个瓮分给四位接受测验的男士，要求他们说出所拿到的瓮内，究竟有什么颜色的球。这四个人都没有透视眼，当然无法从瓮外就观察出瓮内的球色，所以，主考官准许他们从自己的瓮内拿出两颗球和瓮外的标签互相比较，再做推理。

第一位男士A从瓮内拿出两颗球和瓮外的标签互相比较之后，慢吞吞地说：

“我拿出的是两颗黑球，已经知道第三颗球是什么颜色。”

提示

请注意，任何一个瓮内的球色和瓮外所贴的标签都完全不同。所以，我们不妨先查出第一位男士A、第二位男士B的瓮外标签和瓮内球色有何关系。

第二位男士B做过相同的动作之后，很快地回答说：

“我拿出的是一颗黑球、一颗红球，当然，也已经知道另一颗球的颜色了。”

不过，第三位男士拿出两颗球后，却仍然很迷惑地说：

“我拿出的是两颗红球，可是，我还是搞不清楚另一颗球是什么颜色？”

对于第四位男士D来说，这次的测验真是太不公平了。因为他是瞎子，连瓮外所贴标签都看不到。但是，他在思考片刻后，居然笑着说：

“我想，在听了各位的发言之后，我不需要拿出球来，就能知道自己的瓮内究竟装有哪些颜色的球；甚至，我还可以说明其他三个人瓮内所装的球色。”

主考官听了他的回答之后，大吃一惊，相信读者的反应也是相同的吧！因此，笔者希望你仔细想想他究竟是如何推理的，其瓮外标签与瓮内球色为何？

在此，笔者特别强调，这四位男士智商都相当高，所以，绝不可能做错误判断。

88. 乱七八糟的同学会

“哎！这次的同学会真是乱七八糟。”

何君皱着眉头，懒洋洋地说：

“到场的只有李君、周君、陈君、余君和我五个人，而且我们话匣子一开，居然每个人都喝得醉醺醺地回家。

但第二天醒来之后发觉，我们五个人不仅错戴了他人的帽子，甚至连皮包、雨伞也都拿错了。更糟的是，无论帽子、皮包还是雨伞，所错拿的都不是同一个人的东西，所以，我们足足花了三天的时间来换回这些东西。

举个例子来说，错拿我雨伞的家伙，竟然以为他所戴的帽子是余君的，所以他连打了好几通电话，才知道帽子究竟是谁的。”

我听了何君的埋怨后，顿时生出兴趣，于是继续搜集其他资料以便求得真相。结果我发现，这五个人真是糊涂，不仅错戴帽子、错拿皮包和伞，甚至连拿（戴）错的三样东西也都属于不同之人，真是令人瞠目结舌。

比如，周君戴走了错拿陈君皮包之人的帽子；陈君拿走的皮包原本属于错拿余君雨伞的人。

提示

李君戴错的帽子和余君错拿的雨伞，都同属于一个人，那么，他是谁？

余君错拿的雨伞原本属于李君错戴帽子的主人；而且，拿周君雨伞回家的人，头上戴着李君的帽子。

真是错得离谱吧！难怪要花三天的时间才能物归原主。

请问，究竟是谁错拿了李君的雨伞呢？

89. 撒谎岛军人

某天，有三位稀客来访问谜题博士。我们知道博士曾经到撒谎岛去研究当地住民的生活习惯，这三位访客正是博士在当地结识的年轻人。

据说，现在的撒谎岛已经成立正式军队，来捍卫自己的领土。所以这天来访的年轻人中，有一位穿着陆军制服，有一位穿着海军制服，还有一位则穿着空军制服。当然，我们还是无法从他们的外表看出他们究竟属于哪一族。

幸亏不可靠族因为是外来移民的关系不能从军，所以来访的三位年轻人中绝无不可靠族人。

为了慎重起见，我再重复一次撒谎族和诚实族的特殊习性。诚实族是无论任何时间、场合都只说实话的部族；而撒谎族则是无论何时、何地，只要一开口便是谎话的部族，相信读者在第三章的“撒谎岛访问记”中，已经领略到他们带来的麻烦了。

谜题博士见到三位风度翩翩的军人站在面前，不免又引起他的好奇心。

于是，他先问陆军士兵：

提示

先想想陆军、空军士兵怎样作答，博士才能明了一切呢？请注意，博士的通盘了解才是最重要的线索。

“海军士兵和空军士兵是否为同一部族呢？”

其次，又问空军士兵：

“比较这两人的时候，是不是海军士兵比陆军士兵更常撒谎？”

陆军和空军士兵都只用“是”或“否”简洁有力地答复博士的问话。而且，博士在听完他们的回答后，就不再问第三位海军士兵。因为博士仅凭上述二者的回答，就能清楚地得知这三位年轻人各自属于哪一支部族。

那么，我是否也可以请问你，这三位年轻人中的陆军、海军士兵，究竟是属于撒谎族？还是诚实族呢？

当然，这两位并不一定属于同一支部族，这点请你千万留意，勿骤下断语。

90. 后院晚餐

宋先生和宋太太玉玲在前天晚上，邀请了三对夫妻来他们家的后院共进晚餐。

这三对客人分别是宋先生的异姓弟弟刘先生和刘太太佩文，宋先生的妹妹乃华和她的丈夫黄先生，及邻居邱先生和他的夫人秀慧。

正当这四对夫妇围着一张长方形餐桌共进晚餐的时候，席中突然有个人站起来，拔出手枪射杀了邻座的另一人。

长方形餐桌边的八人席位如下面附图，目前我们仅知凶手和被害者的位置。

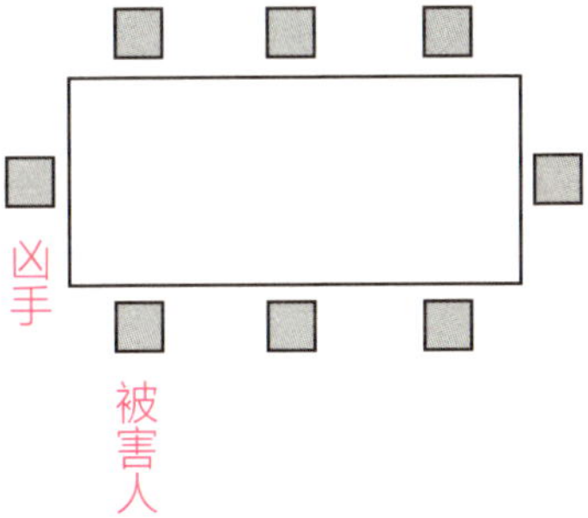

提示

先想一想八位男女应该如何就座呢？他们彼此之间的相互关系如何？别忘了刘先生和黄太太乃华也是兄妹（或姐弟）。

而其他有关这八人席位的资料如下。

❶ 每一位男士都和自己的太太相对而坐。

❷ 只有男主人宋先生的左邻、右邻都是女性（亦即将长方形餐桌视为圆桌时，其左邻、右邻都是女性）。

❸ 宋先生没有和妹妹相邻而坐。

❹ 女主人玉玲没有和她先生的弟弟相邻而坐。

❺ 被害者曾为凶手的配偶。

请你根据这五项资料查出独一无二的正解，看看到底是谁杀了谁?

第六章 待解的谜题

本章的最后10题，不附解答。原因在于我们希望读者能不依赖解答，努力思考，自行挑战解谜的乐趣。加油吧！发挥你在前面90题中所培养的实力。

91. 四个男孩

我的朋友杨君是四个男孩的父亲，孩子们的名字可以简称为A、B、C、D。当然，A不一定就是长子，此乃推理谜题的常例。

换句话说，也许名字的次序和兄弟的长幼不一致也说不定。这四个孩子中，有两个爱打棒球，有两个喜欢踢橄榄球。

某次，我问朋友这四个孩子中究竟谁是老大，朋友回答说：

“若非A和C所玩的球不同，则B就比A大。”

真不愧是谜题迷父亲，连回话都拐弯抹角。

正当我在思索时，朋友又接着说：

“若非C为老幺，则老大和老幺所玩的球就不同。”

我听了之后，仍然是丈二和尚摸不着头脑，于是我的朋友又说：

“若非B不是长子，则A就不是老幺。”

到此，似乎所有的资料都已经备齐了。

这就是“若非……，则……”的说法，亦即若前者为真，则后者为假，若前者为假，则后者为真。

相信读者只要仔细地将上述的条件整理出来，就能知道老大是谁。

提示

请先考虑四兄弟中各两人从事两种不同运动的组合有几种。

92. 预言家的占卜

某夜，豆子国的大豆王做了一个噩梦，他梦到自己去世了，而一向和自己敌对的堂弟豌豆竟然继承了王位。甚至，不久之后豆子国居然灭亡了。大豆王惊醒后，立刻下了一道诏令，召集五位预言家进入皇宫。

"希望你们能够回答我的问题，我梦见自己去世了，这是真的吗？我的堂弟豌豆真的会继承王位吗？豆子国是否真的即将灭亡呢？请你们回去占卜之后，告诉我你们的答案好吗？另外，我并不清楚你们五位的准确度如何？所以，也请你们顺便告诉我，我对其他的预言家应该相信到什么程度？"

第二天，五位预言家同时回到皇宫，告诉国王占卜的结果。

咖啡豆回答："所梦见的事都是真的，国王不久即将驾崩，国王的堂弟豌豆亲王继承王位，豆子国也将灭亡。同时，请大王特别注意红豆和绿豆，因为红豆会说两句谎话，绿豆会说三句谎话。"

提示

请先想想国王所提出的五个问题，答案共有几种组合？我们先假设每一组的答案都是正确的，再参照其他预言家的评论来思考；不要忘了，预言家的回答中，对于其他预言家的评论也可以用来判断哪些是实话、哪些是谎话。

红豆回答："国王不会驾崩，所以豌豆亲王也不可能继承王位。不过，遗憾的是豆子国在不久的将来定会灭亡。另外，请国王特别小心绿豆和黄豆，他们两人都会各说一句谎话。"

绿豆回答："国王不久将驾崩。但豌豆亲王却无法登上王位，而且豆子国的国祚也将千秋万世不绝。其他预言者中，黑豆将会说一句谎话，黄豆则说三句谎话。"

黄豆回答："请大王宽心，梦境与事实相反，大王万寿无疆。豌豆亲王无法继位，豆子国毫无灭亡之兆。不过，请大王明鉴，咖啡豆会说一句谎话，黑豆会说三句谎话。"

黑豆回答："我很遗憾大王即将驾崩。豌豆亲王也会继承王位。但我敢保证，豆子国不会因此灭亡。同时请大王留意，咖啡豆会说两句谎话，红豆会说一句谎话。"

这五位预言家各提出5句答案，亦即共说了25句预言。后来，经事实证明，其中有10句是正确的。请问，对大王的3句问话提出正确答案的是哪一位预言家？

93. 谁是凶手之妻?

此题和83题有密切的关系。

餐厅发生毒杀案的那夜，司马、欧阳、张简三位先生的太太也同时在邻桌吃宵夜，目睹了诸葛先生痛苦死亡的经过。因此，警方也请她们对于这四位先生的座位各提出两句证词。这三位女士在称呼男士的时候，有些是以名字称之，有些则又以姓氏称之。

振邦妻：❶ 振邦坐在浩川的旁边。

❷ 振邦的右邻不是浩川就是登科，这个人不可能毒害诸葛先生。

浩川妻：❸ 浩川和登科相邻而坐。

❹ 诸葛先生的右邻不是振邦就是登科，这个人不可能毒害诸葛先生。

登科妻：❺ 登科坐在诸葛先生的旁边。

❻ 如果我们三个人之中，撒谎的只有一个，她的先生就是杀害诸葛先生的凶手。

提示

可想想证词中的❸是实话还是谎话；❶、❺的证词和❼有什么关联；推论的过程中会有两种可能性，哪一种才是正确的。此题和83题的解答有密切的关系。

警察根据负责招待四位男士的服务生之证词，对三位女士说——

7 你们之中，只有一个人撒谎。

8 你们三个人之中，有一个人是凶手的太太。

请问，这三位女士之中，谁是凶手之妻？

这个问题的答案，必须完全配合83题中每一个人的发言。

94. 委员会的选举

社会上的人际关系总是令人头痛，有些人或许表面看来面若菩萨，其实却心如蛇蝎；因此，难免会使人类的交往产生一些麻烦。

谜题大学的情况虽然没有一般社会上的情形严重，却仍然无法避免这些麻烦，譬如校长最近希望从八名系主任中，选出四位来组织发展委员会时才发现，这样简单的事，居然出乎意料地难以进行。

因为，校长连续不断地听到“我不要和他共事”，或“如果不包括他在内，我就不参加”等出自那些年过半百的教授之口的话，真是意见百出、难以收拾。

校长当然可以直接发布一纸人事命令来解决这个难题，但是他相信这样成立的委员会一定会像一盘散沙，无法发挥它的高度效用。所以，校长就正式地征询了八位系主任的意见。

万教授：“我和任何一个人都可以合得来。”

丘教授：“如果不是和白教授一起共事，我就无法胜任。”

白教授：“我不愿意和张教授共事。”

提示

有几位教授很随和，和任何人都能合得来，我们似乎可用他们为主角来弥补缺额。不过，这种办法行得通吗？虽然的确可选出满足条件的四人，但……

张教授："如果颜教授肯参加委员会，我就可以答应参加。"

赖教授："我和谁在一起都不会有怨言。"

江教授："如果张教授参加委员会，希望简教授也能参加；如果白教授是委员，希望张教授也是委员。否则，我就不参加。"

简教授："如果丘教授和白教授都要做委员，我就只好请辞了，因为这两个人是一丘之貉。另外，我也不愿和万教授、赖教授共事。"

颜教授："和丘教授在一起也好，要不然就是和江教授，否则我不愿意参加。如果白教授是委员之一，我希望再加上简教授。但是，如果万教授和白教授都是委员，我就只好敬谢不敏了。"

请问，读者诸君是否能在满足八个人的所有条件下，选出四名委员呢？

95. 推理测验

某天，四位热爱推理谜题的男士W、X、Y、Z接受推理测验。主持测验的负责人是谜题博士，他首先把黑桃A、K、Q、J四张牌分给四位男士，每人各一张。

当然，这四个人仅能知道自己手中的牌是什么，而无从获悉其他三个人手中的牌究竟为何？

谜题博士按照W、X、Y、Z的次序各问了三句话，而且规定答话只限于“是”或“否”两种。但是，每人的三句答话中，可以包含一句谎话。当然如果你不愿撒谎，也可以不说，不过如果你想撒谎就仅限一次，不能再多。

博士又规定谁在问答的过程中或问答结束后，能够通过问答的内容和自己手中的牌对照思考，得知四人的手中之牌各为何者时，就可立刻举起右手。

提示

请先注意A的行踪，A在谁手中呢？把拥有A的可能性限制在两人之内的范围是轻而易举的。其次再来考虑Q，一个手上没有Q的人，能够查出Q和另一张牌在谁的手中吗？大叫“我知道了”的人只有一个，这也是我们推理的重要线索。

博士发问的方式是由博士提出第一问，W、X、Y、Z按照次序回答之后，再提出第二问。其过程如下：

第一问："你手中有A吗？"

对于这个问题，只有Y回答"是"，其他三人都是"否"。

第二问："你手中有K吗？"

W、Z回答"是"，X、Y回答"否"。

第三问："你知道Q和除了Q以外任何一张的两张牌在谁的手中吗？"

Y、Z的回答是"是"，W、X回答"否"。

问答结束一会儿后，四人之中的一人突然举起右手大喊："我知道了，谁的手上有什么牌我全部知道！"其他三人既纳闷又震惊地看着这名举手者，似乎无法理解他何以知晓答案。

请问，举手者究竟是谁？另外，四个人手中的牌各是什么？

笔者当然要附带说明，这四个人的推理能力都在伯仲之间，而且他们的实力也是无可质疑的。

96. 专用笔名

笔墨官司最费精神也最不值得，因此有五位权威评论家在为一本书评杂志执笔时，既不用真名，也不用众人皆知的笔名。这样一来，不仅可以使得评论立场客观、公正，又可免于被评论者的误解。

为了配合他们的意愿，杂志社的总编辑特地在出刊时，替齐桓、晋文、秦穆、宋襄、楚庄五位书评家安排了“微言A”到“微言E”五个专用笔名。对于这五个笔名，只有总编辑一人知道何人使用何笔名；五位执笔者则除了自己的专用笔名外，完全不知晓其他任何一人的笔名。

这五个专用笔名的使用，在初期进行得十分顺利，不过久而久之，总编辑却发现这五位书评家的每一个人对于其他四人的专用笔名都有所误会。

譬如：秦穆以为晋文就是微言C；楚庄以为宋襄是微言A、秦穆是微言D；齐桓以为晋文是微言B、楚庄是微言C；而晋文则以为楚庄是微言D。

提示

懂得如何画表和用表的方法适当，这一题就不是难事。请先想想楚庄以为晋文的笔名是什么？而楚庄自己的专用笔名又是什么？

这些猜测当然是错误的，而且，总编辑相信任何一位评论家一定连做梦也想不到其他四位之中，居然有人误以为别人所用的专用笔名是自己的。

甚至，更可笑、巧合的是，这五位评论家随便拿来套在别人身上的猜测，竟完全不一样；亦即如果晋｜文以为楚庄就是微言D，其他四个人就不会以为楚庄是微言D。

换句话说，没有两个以上的人同时使用一个错误的笔名套在某一个人的头上（亦即每一位评论家在其他四个人心目之中的笔名都不相同）。

总编辑知道这种情形后，觉得非常有趣，因为误以为宋襄是微言A的只有楚庄一个人，而误认晋文是微言B的也只有齐桓一个人。五人中的每个人都被其他四人误以为是四个不同笔名的拥有者，因此总编辑就想利用这些错综复杂的误会来制造谜题。

❶ 每位评论家都被其他四人误以为是四个不同笔名的拥有者。

❷ 没有一个评论家被误认的笔名是两个以上评论家同时错认的。

谜题的条件如前列，请各位读者根据这些条件和前述的少数资料，查出齐桓、晋文、秦穆、宋襄、楚庄五个人各用什么专用笔名。

97. 恶有恶报

这是谜题博士的故乡——谜题镇流传已久的故事。

从前，谜题镇镇郊住着三位人面兽心的伪绅士，其中一个是苛刻、杀人不见血的高利贷者；一个是揭人隐私并以此恐吓的勒索者；另一个则为冷酷无情的职业杀手。

他们的名字分别是加巴、吉巴、古巴（这次序当然是随意安排的），所住的庄院则为加巴庄、吉巴庄、古巴庄（奇怪的是，居然没有一个人所住的庄院名称和自己姓名雷同）。

或许是“一山难容二虎”吧！这三位生性邪恶、各怀鬼胎的人，竟然处于水火不相容的地步，而各自计划杀掉其中二人之一。不过，虽然这三个人都热衷于进行杀掉其他二人之一的计划，却不曾察觉到对方之一也正在打自己的坏主意。

恶有恶报，决定命运的时间终于来了。9月13日周五的晚上20

提示

此题除了推理之外，还要加上丰富的想象力，当然，全凭推理也可以抓住题目的核心。请注意，这三人不仅有杀人的意志，也有付诸实现的行动，只是结果并非他们所预期的而已。古巴死亡时间和其他二人相差很远，为什么？或许寻出真相的线索就在这里！另外，我们不妨再想想看，这三人之中有几位回到了自己的家？

点整，这三位伪绅士竟然同时发动了他们的阴谋。

为了提供解决谜题的线索，笔者首先说明从一个庄院到另一个庄院所需的时间。

从加巴庄到吉巴庄要5小时、从吉巴庄到古巴庄要4小时、从古巴庄到加巴庄要3小时，这当然都是单程所需的时间，因此可见此镇占地相当大。

当天晚上，三名凶手都准时出发，走在两栋庄院间的路途之中。

勒索者身藏手枪到了自己想杀之人的房子时，发现那人竟然不在，于是只好走到和自己同名的庄院中去。

职业杀手走到自己想杀之人的庄院时，也发觉那人不在，于是趁机把砒霜放入摆在桌上那半瓶剩余的威士忌内，然后走到加巴庄去。

高利贷者去到和自己同名的庄院时，发觉对方不在家，就潜入室内安装了一颗4.5小时后爆炸的定时炸弹，然后到吉巴庄去。

如此一番周折之后，三名心怀不轨的伪绅士都被自己意想不到的死神带走了。

这三个人的死亡时刻分别是：

吉巴：9月14日凌晨3点半。

加巴：9月14日清晨5点半。

古巴：9月14日上午8点。

请问，吉巴是在什么地方死的？

我应该补充一下，文中有“去到……之后，又到……”的字眼时，不一定就是表示他到其他人家里去，或许也有可能是回到自己的家里去。另外，我应该再保证这一则谜题的排印里面绝无文字错误。

98. 征婚条件

花花公子A君在玩了这么多年之后，终于决定要结婚了。不过，虽然如此，他仍然坚持如果不是一位能够符合他所列出条件的女性，就绝对不愿意娶她为妻。他所列出的条件是——❶ 黑发、❷ 大眼、❸ 苗条、❹ 个子高。

出现在A君面前的新娘候选人有春桃、夏荷、秋菊、冬梅四个人。对这四位女性调查的结果得知，这四位女性之中 ——

❶ 眼睛大而且苗条的只有三位。

❷ 黑发的高个子只有两位。

❸ 苗条的高个子也只有两位。

❹ 眼睛大、头发黑的只有一位。

❺ 春桃、夏荷的眼睛差不多大。

提示

现在，我们还不知道拥有共同外形特征的女性有几人，但是我们知道从❶ 到❹ 的每一项资料中，都一定有一位女性重复出现。因此，我们不妨排除重复情形，查明四位女性的外形特征。此外，还要留意身材相反的女性有两位。当然，我们最好先不要考虑特定的个人姓名，而从四位女性的外形特征来着手会较容易。

❻ 夏荷、秋菊的发色相同。

❼ 秋菊、冬梅的身材恰恰相反。

❽ 冬梅、春桃的身高略同。

A君在四位女子之中，毫不犹豫地选出其中一位。

这位女子是唯一能够符合四项条件的女性，请问她是谁？

99. 桥牌派对

邱先生家开了一次桥牌派对，参加者除了邱先生夫妇之外，还有白、夏、张三对夫妻。因为共有八人，所以分成每组四人的两桌。

前面已经说过，桥牌就是一种由四名牌友相对而坐的两人互为搭档，与另外二人敌对斗智的游戏。

这四对夫妇平日交往甚密，而且彼此之间有血缘或姻亲关系，现在已知的事实资料如下所示：

❶ 张先生的搭档是自己的亲生女儿；

❷ 白先生和自己的亲生母亲为对手；

❸ 夏先生的搭档是他自己的亲妹妹；

❹ 邱夫人和自己的亲生母亲相对抗；

❺ 白先生和他的搭档是同母所生；

❻ 邱先生的搭档是他的岳母；

❼ 八名男女之中，都没有伯、（叔）父和侄子、（女）的关系。

请问，这八名男女之中，谁和谁是搭档？他们八人是如何分成四人一组的两桌来玩桥牌的？

提示

我们可以从资料❹、❻，以及❶、❷、❸中整理出两项新资料，以此为依据，透过试行错误的方法来检查所有的可能性。假如张先生的搭档是邱夫人……若非邱夫人，而是……如此考虑所有的可能性后，才能确认自己所得的答案是独一无二的。请特别注意其中没有伯（叔）父和侄子(女)的关系。

100. 狩猎高手

一提起狮将军、虎男爵、豹博士、鬣狗女士，相信读者一定不会觉得陌生吧！因为，他们四位曾经在第四章的第80题里，前往彩虹高原狩猎。

今年的狩猎季节一到，他们又决定联袂前往理想平原狩猎，不过，这回狮将军的女儿蜜斯狮和豹博士的妻子豹夫人也要求同行。所以，出发的当天，一支总数六人的队伍动身前往理想平原。

足足两天的狩猎结果，共计捕获了狮、豹、虎、鬣狗四种动物。

当然，他们也和上次一样，规定了每一种猎物每头各值几分的计分方式。不过，这一次的分数高低排列次序和上次有些不同，得分最高的仍是狮子，接下来的则是豹、虎、鬣狗。而且，如果某人能够捕获这四种动物各一头，他的总分就是22分。

另外，这两天的狩猎活动都是在每天太阳下山之后计分，而且每天的分数标准也都是相同的。

狩猎结果如下。

❶ 这六个人在第一天所捕获的猎物头数相等。

❷ 第二天，鬣狗女士的猎物比其他五人多一头。

❸ 调查结果得知，两天的狩猎成绩是每个人每天都各得30分。

❹ 12张得分表（六个人两天的成果）的总分虽然都是30分，不过每张表内的内容却完全不相同。

❺ 数学家豹博士断言，以如此不同组合的分数构成30分的机会只有14种。

❻ 第一天，豹博士所捕获的猎物包括四种动物。

❼ 相反的，虎男爵在第一天所捕获的动物则只有一种。

❽ 第一天，捕获鬣狗最多的是蜜斯狮，捕获豹最多的是鬣狗女士。

❾ 豹夫人在第一天没有猎到狮子。

❿ 第二天，狮将军捕获的狮子比任何一个人都多，鬣狗女士则捕获很多只老虎。

⓫ 豹博士第二天的猎物只有一种。

⓬ 第二天，鬣狗女士和第一天一样没有猎到狮子。

⓭ 蜜斯狮和虎男爵比赛谁猎获的豹比较多，结果，蜜斯狮所猎得的豹是虎男爵的两倍，这也是第二天发生的事。

这些列出的资料或许十分复杂，不过问题倒是十分简单。

请问，在这两天之中，捕获和自己同名的猎物最多者为谁？

提示

捕获四种猎物各一头的总得分是22分。我们不妨从这一点来判断各种猎物每头各值几分？再从四个不同数字合计为22分的多种组合中，找出可通过这四个数字构成30分的14种组合中之一种。在本题中，如果四个数字之中有1或2，那么，获得30分的不同组合就会远超过14种，所以，我们所能考虑的四个不同数字合计为22分的组合只有五种，而其中只有一种符合全部条件。

解答篇

1. 坐在E右边的是B。

首先，我们可以将六个座位，都各定一个号码。

因为D是A的正对面，所以，这两者能够相对而坐的位置，只有2和5。

2和5的位置，其中有一个是A，另一个则是D。

其次，再想想B和F的关系。没错！除了B坐在3，F坐在1以外，B就绝不可能坐在F的左边的左边。

另外，别忘了“如果F和A不相邻坐”的条件。因此，我们可以立刻决定A和D的席位。

六个人的坐法如下面附图。

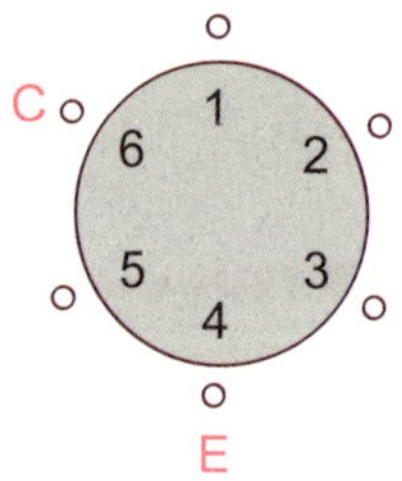

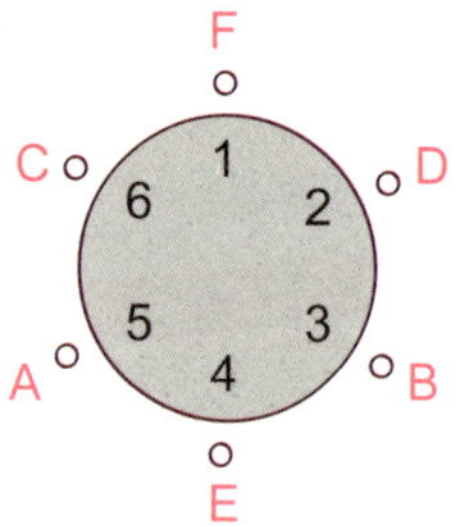

2. 一夫——理发师、二郎——公司职员、三吉——烟酒经销商、四祥——肉店老板、五平——面包店老板。

这个问题，可说是推理谜题的初步范本。在解决这类问题时，应使用消去法。

为使问题更加明确起见，我们应该不厌其烦地将已知条件列出来：

❶ 面包店老板不是三吉、四祥。所以，一定是一夫、二郎、五平其中一人；

❷ 烟酒经销商不是四祥、一夫。所以，一定是二郎、三吉、五平其中一人；

❸ 因三吉、五平不是公司职员，所以，公司职员是一夫、二郎、四祥其中一人；

❹ 二郎和三吉不是理发师，所以，理发师是一夫、四祥、五平其中一人；

❺ 一夫和三吉，既不是肉店老板，也不是面包店老板；

❻ 四祥和五平，既非理发师，也非公司职员。

从上述六个条件中的❶、❷、❻，可判断出四祥一定是肉店老板。再由❸、❹、❺中，可以得知三吉一定是烟酒经销商。其余则类推。

3. C拿的是D的伞；错拿C伞的是E。

这五个糊涂虫，究竟是各拿了谁的伞呢？

先写出几种可能的情况：

A拿的是C或E的伞；

B拿的是A或E的伞；

C拿的是A或D的伞；

D拿的是A或B的伞；

E拿的是B或C的伞。

其中，若A拿回家的是C的伞，那么，E拿的就是B的伞，D拿的就是A的伞，以此类推。因此，我们可以根据A拿的是C或E的伞之不同，而排出以下两组不尽相同的组合：

❶

A — C
B — E
C — D
D — A
E — B

❷

A — E
B — A
C — D
D — B
E — C

但是，我们可以发现第❶组的情形有违题意。因为，E和B之间，恰好形成两个人雨伞对调的情形。

因此，我们可以说第❷组的组合才是正确答案。

4. 张南夫、王北夫、赵西夫、李东夫。

这一题里面，除了推理谜题所包括的“‘谁的？’‘谁？’谜题”以外，还加上了常识性的计算。

本题资料稍微复杂，所以，不妨先把资料整理一下，画出图表，以便观察。

题中的最后资料是“打扑克牌以前，口袋里最有钱的是北夫；可是，打完了以后钱最多的则成了赵先生”。以此资料和下表对照的话，我们就可以清楚地看出答案。

因此，北夫的姓氏不是姓李就是王，赵先生的名字不是南夫就是西夫。而假使北夫姓李的话，他的钱就应该比打牌前多；假使赵先生是南夫的话，他的钱就会比打牌前少，这不符合题意。所以，北夫一定姓王，赵先生的名字则是西夫。

资料 / 回合	胜利者	奖金	最终增减额
一	南夫	300	-600
二	王先生	600	-200
三	西夫	900	+200
四	李先生	1200	+600

5. 邱家——一郎、冬雪、春江、夏荷。
林家——志宏、秋婵、英武、山平。

谜题中，有一些内容其实是可以直截了当写出来的。但是，出题者往往故意兜一个大圈子，以混淆读者的视听，而本题就是其中一例。因此，只要我们能够正确地了解其中的意义，就会发觉这并不是很困难的题目。

岳父和女婿的关系，是由于婚姻才产生的。因此，冬雪的父亲既然是春江丈夫的岳父，当然也就是春江自己的父亲。换句话说，冬雪和春江其实是姐妹。

同理可知“冬雪的丈夫成了一郎父亲的女婿”，也正表示一郎和冬雪不是兄妹，就是姐弟。

利用上述两个条件和其他资料相对照的话，就会发现两家子女的部分组合情形。

一郎——冬雪——春江——?

志宏——秋婵—— ？ ——?

另外，我们再来想一想，为什么林家的幺女没有姐夫?

兄弟姐妹嫁娶之后，没有姐夫的情形只有一个可能。那就是林家的老大、老二、老三都是男生。因此，包括冬雪、春江的一系，就不可能是林家的女儿。而且，一直没有出现的女生夏荷，也绝不可能是林家的女儿。那么，我们是不是就可以清楚地分别出两家子女的名字了?

6. E的左邻是C。

既然A、B、C、D四个人的发言都是错误的。我们就可以将他们所说的话改为否定式，排列出已知的资料：

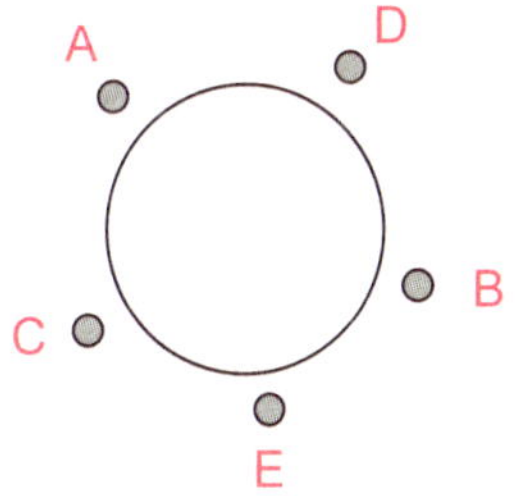

1. A和B不相邻坐；
2. B的左邻并非C，也非D；
3. C和D不相邻坐；
4. B的右邻不是C。

从以上的资料来看，我们似乎最好先研究出谁和B相邻而坐。

因为B的左边不是C也不是D，更不可能是不和B相邻坐的A。所以，B的左邻一定是E。接着，让我们想一想B的右邻是谁？ 因为不会是E，也不会是C，更不会是A。所以，B的右邻一定是D。

最后，我们可以从C和D不相邻坐的资料得知，这五个人的座位分布如附图。

7. 昨天不是下雨天。

只要能够注意到这一项天气预报是前天播出的，就能够发觉今天的天气和昨天不一样。因为前天所说的后天就是今天。

但是，我们不能就此断定昨天一定是晴天，因为它也可能是阴天。所以，我们应该说昨天不是雨天才算正确。

因此，如果你回答的答案是晴天，那同样是错的。我们在解题时绝对不可以超越资料所显示的范围。否则，过犹不及，同样无法获得正解。

8. 哥哥叫阿勇，这一天是周二。

遇到这种拐弯抹角的题目时，我们最好先把已知的资料整理一下，使之简化。因此，我们将此题简化以后，就得到这样的资料：

兄：“我是阿洋。”

兄：“今天是周一。”

弟：“今天是周四。”

弟：“今天是周三，所以，我不会说谎。”

由以上资料，马上可以看出弟弟所说的话是矛盾的。所以，他所谓的周三不撒谎，其实就是表示他周三要撒谎。因此，弟弟就是每逢周三都要撒谎的阿洋。

既然弟弟是阿洋，我们就不难看出哥哥也撒了谎。因为，他明明是阿勇，却偏偏要自称是阿洋。而一周中，兄弟二人都同时说谎的只有周二。

9. “排骨号”是林景上的游艇。

这是一个错综复杂的问题，因此，最好的办法就是先画一张表。在表中最上边一行是参加比赛的选手名字。表格中的姓氏，代表着选手所驾驶游艇的主人。“×”则代表“吹牛号”。

轮次＼人名	王秋山	林景上	丁宇田	白江河
1	林			
2		丁	×	
3				白
4	×			

透过这一张表就可以知道，“×”（即吹牛号）并非是林景上的游艇，也不是丁宇田的游艇。

而白江河的游艇是“胡说号”，所以，“×”也不是白江河的游艇。既然林、丁、白都不是“吹牛号”的主人，那么“吹牛号”当然是王秋山的游艇了。因此，我们可以在打“×”的格子内填上“王”字，使这一张图表更加清晰。

填上“王”字以后，我们就可以准确判定，白江河在最后一回合中所驾驶的“丰满号”是丁宇田的游艇。

所以，“排骨号”就是林景上的游艇。

10. 凶手是法医。

因为老大不是自杀的，所以，三个人的证词中，正确的是以下三句：

马沙：“不是黑豹杀的。”

黑豹：“不是自杀的。”

大虎：“不是我杀的。”

如果我们只看这三句话，好像就已经证明马沙是凶手了。但是，请你不要急，慢慢再想一想黑豹的证词。

黑豹：“不是自杀的，是马沙杀了老大。”

因此，如果“是马沙杀了老大”这句话也正确的话，就不符合三个人都只说了一句真话的条件了，不是吗？

不过，我们也不能采纳大虎所说“凶手是黑豹”的话。因为，这样一来就和马沙所说的真话“不是黑豹杀的”相违背了。而且，如果“凶手是黑豹”这句话正确，大虎所说的“不是我杀的”，就是假话了。这样一来，不仅黑豹是凶手，连大虎也是凶手了。但是，本题题目中曾经特别声明，此案之中并无共犯。所以，“凶手是黑豹”绝对不能成立。

既然如此，我们就可以知道马沙、黑豹、大虎三个人都不是凶手。

这个答案，你是不是觉得很奇怪？不过，你应该没有忘了本题之中，还有一位“前文中所提及的人物”。

是的，不是还有一位法医吗，既然三位关系人都不是凶手，而题目又说是由“文中所提及的人物之一所下的毒手”，那么，凶手当然是法医了。

夏洛克·福尔摩斯曾说过：

“已经去除其他所有的可能性以后，即使所剩下的一件事情，看起来是多么的不可能，我们也应该相信，除了这一件事情以外，就没有其他事情是真实的了。”

因此，这一题的正确答案是法医。

A 11. 小孩梅雪的哥哥是三吉。

先举出几个例子来想想：

❶ 二郎可能是三吉的儿子吗?

❷ 月珠是三吉的太太吗?

❸ 丽花是一夫之妻的可能性如何?

我们所举出的三个线索，答案都是否定的。

换言之，三吉之子是一夫。三吉之妻不是梅雪，就是丽花。一夫之妻不是梅雪，就是月珠。

这样一来，小孩二郎的父亲既不是三吉，也不是二郎，而是一夫了。而且，小孩二郎的妹妹和三吉的太太，一定叫做丽花。其余的名字，你就可以顺理推知了。

因此，“小孩梅雪的哥哥叫什么名字？”的答案就是三吉。

同时，相信你也明白了，这俩兄妹的父母亲分别是二郎和月珠。

A 12. 酒泉是鲜鱼铺老板。

这一类型的推理谜题，经常使用兜圈子的方法，使读者困惑不清，遇到这种题目的时候，如果你能够画一张职业、人名对照表，将可以对照的部分圈选出来，再将不可能的组合划掉，就一定可以轻易解决难题。

我们可以根据名字和职业不相一致、鲤平是牛肉店老板这两个先决条件，先做成下页表一。

因为鲤平是牛肉店老板，所以，他绝不会做别的生意。而且，除了他以外，也没有其他的牛肉店老板。因此，我们可以在鲤平和牛肉店老板的交叉格子内，画上一个“○”。然后，用“×”消去有关于鲤平的横行和牛肉店的竖行空格。

现在，我们再来看看❶的资料，以便查明吾盐的职业究竟是什么。从❶的资料可发现，吾盐绝非烟酒经销店老板，所以，我们接着在吾盐和烟酒经销店的交叉格子内画上一个“×”。

因此，我们可以了解吾盐所经营的店铺，不是水果行，就是鲜鱼铺。换一个角度说，烟酒经销店老板的名字，不是鲤平，就是希柿。

但是，我们不是早就知道，鲤平是牛肉店老板的名字了吗？

所以，烟酒经销店老板的名字一定是希柿。

同时，我们一定也可以知道，吾盐所开的是水果行。

将此结果填进表中后，我们就可以完成表二了。这时，仍不知开的是什么店的只有牛哥和酒泉两位。

但是，我们可以从资料❷中得知，酒泉并不是杂货店的老板。所以他一定是鲜鱼铺的老板。不过，为了慎重起见，我们还是将我们的推定和❷的资料互相对照比较一下。如果比较之下并不符合，就代表我们在推理的过程中犯了某些错误。

表一

职业 / 人名	杂货店	鲜鱼铺	牛肉店	烟酒经销店	水果行
吾盐	×		×		
鲤平	×	×	○	×	×
牛哥			×		
酒泉			×	×	
希柿			×		×

表二

职业 / 人名	杂货店	鲜鱼铺	牛肉店	烟酒经销店	水果行
吾盐	×	×	×	×	○
鲤平	×	×	○	×	×
牛哥			×	×	×
酒泉			×	×	×
希柿	×	×	×	○	×

杂货店老板（牛哥）的名字里面，有一个字是与酒泉的职业（鲜鱼铺）有关联的人（鲤平）所开的店（牛肉店）中所卖的东西有关。

对照之下，果然一致。因此，我们可以回答酒泉的职业是鲜鱼铺老板。

13. 坐在三个人中间的是A，他的职业是画家，喝的是红茶。

先从第一项资料分析，

❶推销员坐在A的旁边。这时，可以想到如下图的两种排法：

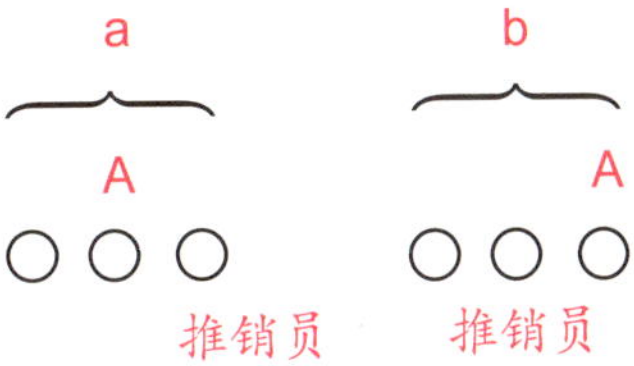

当然图a中推销员的位置和图b中A的位置不管是在左边或右边都无妨，这里我们大可不必考虑其镜像关系。

再将其余的资料列举出来：

❷B旁边的人喝红茶。

❸画家旁边的人喝牛奶。

❹公司职员喝的不是咖啡。

❺B所喝的不是牛奶。

❻C不是推销员。

除此之外，我们还可以因❶而推知：

❼A不是推销员。

所以，由❻、❼可知，B是推销员。

既然我们已知B的职业，就可以将前面的各项资料套进❶的附图之中，而发现只有图a的情形，才符合各项资料。

因此，坐在三个人中间的是A，他的职业是画家，喝的是红茶。

A 14. 投手是金木、捕手是衣村、一垒手是竹田、二垒手是梧桐、三垒手是立松、游击手是子原、左外野手是柳川、中外野手是大井、右外野手是鹤平。

先画出一张表（见下表），把某个人不可能的守备位置先画“×”。

由❶可知金木不是三垒手。所以，我们可以在金木和三垒手的交叉格子内，画上一个“×”。接着，由❷得知竹田、大井、金木三个人，既不是捕手，也不是二垒手；由❸得知，立松不是捕手；由❺可知大井不是游击手、三垒手；由❼可以得知子原不是二垒手，等等。总之，凡是不可能的守备位置，我们都直接打叉将它消去。

另外，还可以参照他们有没有太太或个子高矮等资料，陆续消去不可能的守备位置。最后，相信你一定能够发现正确答案。

位置＼人名	金木	竹田	大井	立松	子原	衣村	柳川	梧桐	鹤平
投　手									
捕　手	×	×	×	×					
一垒手									
二垒手	×	×	×		×				
三垒手	×								
游击手									
左外野手									
中外野手									
右外野手									

A 15. 和风是秋云的继母。

解题的关键就在于简单明了地整理出既有资料，以便做更进一步的推理。因为错综复杂的内文只是蓄意要混淆读者的视听而已。所以，除非你能够利用整理的方法来解决问题，否则即使你再多读几次也无济于事。但是，如果整理的方法不得当，就欲速则不达了。

现在，我们就利用较单纯的方法，将已知的夫妻关系联结起来，做成一张简单的图表。为了整理方便起见，我们可以利用英文字母来代替她们的名字。如：春雨为A，夏雾为B，秋云为C，冬雪为D，和风为E。再用a、b、c、d、e来代表她们的亲身父亲。

接着，我们可以根据题目中所提及的资料，绘成如下表（=表示夫妻，≠表示不是夫妻）。

而题目之中已经说明了夏雾（B）的丈夫不是c（秋云的父亲）。所以，我们也在图表之中，把它表示出来。

现在，我们就可以开始推理。你是否已经发觉，我们对于E一无所知呢？因此，我们不妨从已有资料中B、C的丈夫开始着手。

因为，d已经娶了A，b已经娶了D。所以，C的丈夫一定不是d或b。同时，也一定不是a，或自己的亲身父亲c。因此，我们可以断定C的丈夫，一定是e。同样的，我们也可以利用这种推算，得知B的丈夫，绝非d、b、c、e，一定是a。此时可以推知E嫁给了c，即和风是秋云的继母。

夫	妻
d=	A
c≠	B
a≠	C
b=	D
?=	E

但如果你是从B的丈夫开始推算起，就会形成c、e两种难以取舍的可能性。所以，当你遇到这种情形的时候，应该立刻将探讨的对象，转移到C身上。从C来解决B的问题。

16. 汤玛斯·亚瑟的搭档是乔治·亨利。

因为题目中提到亨利和乔治的一组，正在大战亨利和亚瑟的一组。而且，坐在汤玛斯先生旁边的是汤玛斯先生。故而我们就可以了解两位亨利先生和两位汤玛斯先生，都不在同一组。

换句话说，就是亨利·汤玛斯和亚瑟·乔治的一组，正在大战汤玛斯·亚瑟及乔治·亨利的一组。

17. 松都是警员、平野是凶手、村发是证人、德冈是被害者、贤川是法官、明原是死刑执行官。

是否有人认为，我们只要从❸就可以得知明原是凶手，平野是被害者；或者由❷就可以得知松都是凶手，甚至从❹就可以推断村发是凶手了呢？如果你有其中之一的想法，那就未免太草率了。因为，要是你再做进一步分析的话，就会发觉它们彼此之间相互矛盾。因此，在这个题目中，请不要忽略❺的资料。

假使运用逻辑思考，我们就可以由❷得知，松都不是凶手，就是警察。由❸得知，平野不是被害者，就是被判死刑的凶手（如果平野是凶手，则明原一定是死刑执行官）。并且，还可以由❹得知，村发若不是凶手，就一定是证人。

由以上这些推论，找出满足所有资料的组合时，就可以知道这六个人所各自扮演的角色为：松都是警察、平野是凶手、村发是证人、德冈是被害者、贤川是法官、明原是死刑执行官。

18. ❶贝丝·凯利、❷南茜·琼斯、❸贝丝·凯利、❹李察·琼斯、❺汤姆·凯利、❻李察·琼斯、❼南茜·琼斯、❽贝丝·凯利、❾贝丝·琼斯、❿南茜·凯利。

交叉比对上述十个问题的资料，并搭配坐位图，可得出如下信息：

坐在A的是李察·琼斯；

坐在B的是南茜 · 琼斯；

坐在C的是汤姆 · 凯利；

坐在D的是贝丝 · 凯利。

这四个人的关系是——李察 · 琼斯娶了汤姆 · 凯利前妻所生的女儿南茜。

而且，已成单身的汤姆 · 凯利又再娶了李察 · 琼斯的姐姐贝丝，因此使得贝丝 · 琼斯成为贝丝 · 凯利。

总而言之，对贝丝而言，李察不仅是弟弟，也是因为婚姻关系而多出来的女婿。南茜不仅是弟妹，也是多得的女儿。接着我们就可以一一回答这十个问题：

❶ 琼斯先生的姐姐是贝丝 · 凯利；

❷ 贝丝的先生前妻所生的女儿是南茜 · 琼斯；

❸ 南茜的大姑子（丈夫之姐）是贝丝 · 凯利；

❹ 凯利先生的女婿是李察 · 琼斯；

❺ 琼斯先生的姐夫是汤姆 · 凯利；

❻ 凯利夫人因为婚姻关系，而多出来的女婿是李察 · 琼斯；

❼ 凯利先生的女儿，现在叫南茜 · 琼斯；

❽ 琼斯先生的姐姐现在叫贝丝 · 凯利；

❾ 凯利夫人婚前名叫贝丝 · 琼斯；

❿ 琼斯夫人婚前名叫南茜 · 凯利。

19. 1号威尔逊、2号胡志明、3号尼克松、4号梅尔夫人、5号戴高乐。

根据题目资料可整理出如下内容：

松碧——2号威尔逊，3号尼克松；

竹月——1号戴高乐，2号胡志明；

梅影——3号胡志明，5号戴高乐；

鹤玲——2号威尔逊，4号梅厄夫人；

雀玉——4号梅厄夫人，1号尼克松。

但各人的答案中却只有一个是正确的，因此如果松碧所说的2号威尔逊是对的话，那么3号尼克松就是错的。同理可推，鹤玲所说的2号威尔逊是对的，4号梅厄夫人就是错的；雀玉的4号梅厄夫人是错的，1号尼克松就是对的；竹月所说的1号戴高乐一定是错的，2号胡志明则是对的。

可是，我们前面不是已经假定2号是威尔逊了吗？发生这种矛盾的情形，就可证明松碧所言2号是威尔逊是错的，3号是尼克松才是对的。再次类推即可得正解。

A 20. 菊美的父亲是赵先生。

你可以将已知的资料，整理列表如下：

女儿和赠书对象 / 作家	亲生女儿	赠书对象
赵先生	?	惠琴
王先生	惠琴	维玲
钱先生	丽玉	菊美
李先生	?	晓华
杨先生	?	?

上述列表中，杨先生赠书对象的栏位是空的。但是，我们一看就知道，她一定是钱先生的女儿丽玉小姐。

杨先生的女儿所拿到的是维玲小姐父亲所写的书。那么请问读者，谁是杨先生的女儿呢？

我们早就知道王先生的女儿是惠琴；钱先生的女儿是丽玉；当然，杨先生的女儿不会是维玲，因为维玲的父亲把作品赠给了杨先生的女儿；也不会是菊美，因为菊美所拿到的是丽玉小姐的父亲钱先生所写的书。

所以，依次类推，我们就可以知道：杨先生的女儿是晓华；李先生的女儿是维玲；菊美的父亲是赵先生。

21. E先生。

遇到这种题目的时候，我们应该把问题的焦点集中在一个人的身上，比较能够整理出答案的头绪。例如：C先生在资料之中，一共露了两次脸，所以我们不妨利用他来找出解答。他和其他人对弈的组合分别如下：

C——A，C——B，C——D，C——E，C——F。

其中，C和E先生，C和A先生分别会在第一周和第四周碰头一次。

所以，剩下的组合，只有C——B，C——D，C——F三个。也就是第二周、第四周，或第五周周五下午的棋局（当然，我们目前仍然不清楚他们三组次序的先后）。

但是，我们看看第二个周五的资料便知道，这一天有B——D的对局。因此，在这一天，C先生只能和F先生对弈。

同理我们必定可以明了，第四个周五一定是C——B同组，而第五个周五则是C——D同组。

接着，推断D先生和其他四人同组的情形，也是运用同样的要领。

第一个周五下午是D——A。第二个周五下午是D——B。第三个周五下午是D——F。第四个周五下午是D——E。第五个周五下午是D——C。

既然三组的比赛之中，已经知道两组的组合，那么最后一组的组合自然可以迎刃而解。所以我们可以知道第五个周五下午，F先生是和E先生对弈。

22. 凶手是张夫人。

因为四位关系人的证词都是错误的，所以我们在整理资料时，最好先把它改为否定的句型：

❶ 何夫人不坐在张夫人右边；

❷ 李先生和尹夫人不相邻坐；

❸ 张夫人和李先生不相邻坐；

❹ 被害人白先生并没有坐在尹夫人隔壁的隔壁。

我们可以从这四项资料中的❷、❸得知，李先生的左右两邻是何夫人和被害人白先生。可是，我们还不知道哪一个人在左边？哪一个人在右边？因此，这两种可能性都要一并考虑。

现在，我们尚未明了的是X、Y两个席位（参考下页附图）。但是，只要你能够套用❹的资料，就能够轻易得知图A的Y和图B的X，是尹夫人的座位。这时，所剩下的就一定是张夫人的位置了。不过，我们可以从资料❶得知，X并不是张夫人的座位。所以，图A的情形不能够成立。因此，这五名男女的席位，应如图C。则可知坐在被害人白先生左边的左边的凶手就是张夫人。

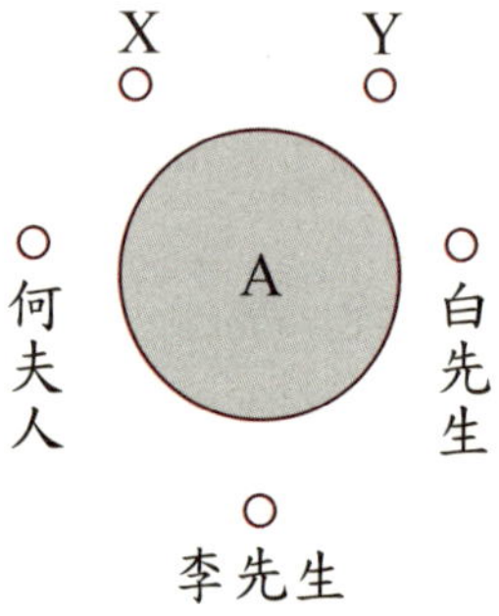

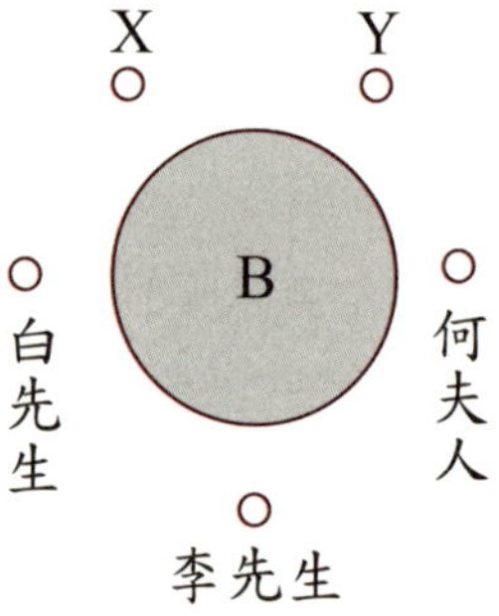

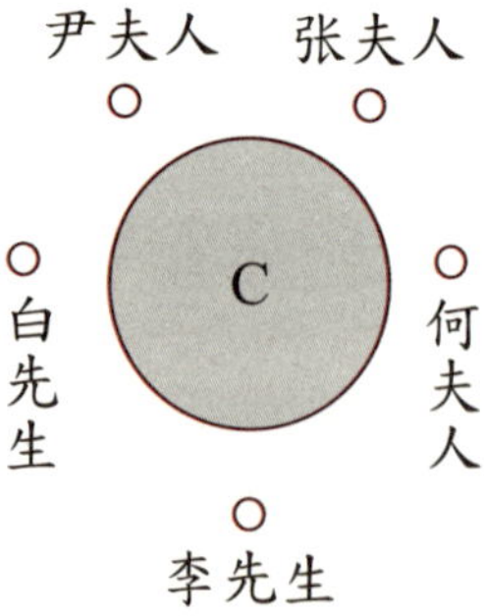

23. 狗四祥的主人是三吉。

可用一、二、三、四来代替四个小孩的名字；遇到名字不清楚的猫、狗或小孩时，就用X、Y、Z等符号来处理，就能整理出表一的资料。

我们不难发现X不是一就是二。那么，如果X是一的话，饲养一的Z，就是四。而Y所饲养的猫，就叫四。接着，我们可以推断Y一定不是一（因为一是猫三吉的主人），也不会是二（这样一来，二的猫也会叫做二），更不会是三（因为三是猫一夫的主人）。当然，也不是四（这样就会和自己所养的猫同名了）。总而言之，没有一个名字适合于Y。因此，我们可以明白X一定不是一，而是二才正确。将所得答案，顺次推理，写进表一中就可以得到表二的情形，故可知小狗四祥的主人是三吉。

表一

饲主 / 宠物	一	二	三	四		X	Y	Z
狗				X				一
猫		Y	X			三	Z	

表二

饲主 / 宠物	一	二	三	四
狗	三	一	四	二
猫	四	三	二	一

24. 从“红——白”的瓮中，取出一颗球即可。

解决这个题目的关键在于瓮外面的标签，都已经全部重贴。换句话说，已经没有一张标签和瓮内的球色互相符合了。因此，现在请你先看看贴有“红——白”标签的大瓮。因为，标签和瓮内的球色已经不相符合，所以这时瓮内的球色不是“红——红”就是“白——白”。也就是说，如果你在贴有“红——白”的瓮内抓出一颗白球的话，瓮里面的球色就一定是“白——白”；抓出一颗红球的话，瓮里面的球色就一定是“红——红”。

如果你在贴有“红——白”的瓮内抓出一颗白球的话，那么贴有“红——红”标签的瓮内，所装的球色就一定是“红——白”。因为，这时候标签和内容完全不符合，所以一定不会是两颗红球。而贴有“白——白”标签的瓮内，所装的球色就一定是“红——红”。如果你在贴有“红——白”的瓮内抓出一颗红球的话，那么结论就和上面的答案恰恰相反。

所以，应该是从“红——白”的瓮内，取出一颗球就可以了。

A 25. 英籍老师教授德文、西班牙文；德籍老师教授英文、日文；法籍老师教授英文、德文；西班牙籍老师教授法文、日文；日籍老师教授法文、西班牙文。

只要做出一张表格，就能够逐项解决这个问题。

当你画好下表后，就先用“×”划掉不可能互相对应的格子。并且，在能够彼此对应的格子内画上“○”。但是，请你不要忘记，在纵、横的每一行列内，都一定会有两个“○”。

先用“×”填在各人本国语言的格子内，再参照资料❶、❷、❸、❹的提示，消去不可能的情形，其结果如下表所示。

国籍 / 教授科目	英文	德文	法文	西文	日文
英	×		×		
德		×		×	
法			×		×
西	×			×	
日		×			×

因为❺的资料显示，西班牙籍老师和日籍老师，共同教授同一种语言。所以，我们可以确定，他们所教授的语言，一定是法文。因此，就应该在法文的横排格子上，画上两个“○”。

这时，法文的横排格子上，已经画满两个“○”了。所以，德籍老师和法文的交叉格子内，就可以打上一个“×”。接着，我们会发现德籍老师的直排内只剩下两个空白。所以，我们当然能够清楚地知道，他所教授的两种语言各是什么？

逐渐填满空格后，我们就能够得到下列正解：

英籍老师教授德文、西班牙文；

德籍老师教授英文、日文；

法籍老师教授英文、德文；

西班牙籍老师教授法文、日文；

日籍老师教授法文、西班牙文。

26. 和希拉利的太太同名的是西德尼的先生依夫林。

我们先将所有的资料，画成图表。用“X”代替乔伊丝的太太的名字，就可以得到下表。

由此表可得知，“X”一定不是西德尼女士，也不是希拉利女士，更不会是没有加入牌局的依夫林。所以，“X”应该是雷丝利。

因此，我们自然可明了：希拉利的先生一定是雷丝利，西德尼的先生则是依夫林，而希拉利的太太也叫依夫林。

夫	妻	
乔伊丝	X	
?	西德尼	打桥牌
希拉利	?	
X	希拉利	
西德尼	?	

27. 数学测验第二名的是俊彦。

这一次测验结束之后，三人得分的总和是22+9+9=40。我们可以根据这一条线索来探讨一下，可能有几个测验科目和各名次的得分数。

如果，我们假设有四个测验科目，那么各项名次得分的分布，就有7、2、1，6、3、1，5、4、1三种可能性。如果，我们假设有五个测验科目，则得分的分布，就只有5、2、1，4、3、1两种可能性。

以上分布情形中，一个人能得到总分22分的机会只有测验的科目有五科，得分数的分布为5、2、1 的时候。

因此，郎雄的得分应该是5、5、5、5、2。英文测验中得到第一名的祖钦是5、1、1、1、1。而俊彦为2、2、2、2、1。所以可知郎雄在这次的测验中，一共囊括了四次第一名、一次第二名，祖钦在英文测验中，得到第一名；而俊彦则是除了在英文测验中得到第三名外，其他四次考试都是第二名。

28. C、E二人额头上贴的是白纸。

先将四位男士的发言，简化成：

A——白纸3张，黑纸1张；

B——黑纸4张；

C——白纸1张，黑纸3张；

D——白纸4张。

因为，他们的证词实在是天壤之别。所以，四个人当中最少有一个以上的人撒谎。不！我们应该说，这四个人当中只有一个人说真话。

既然已经知道只有一个人说真话，那么我们就可以确定A和D说了谎话，而剩下的B和C，究竟是谁说了真话呢？

假设我们认为B说的是真话，那么就一定只有B自己的额头上贴了白纸。

但如果真是这样的话，请你想一想，C看到的应该是什么？

C所应该看到的一定是B的额头上贴了一张白纸，而A、D、E三个人的额头上则贴着黑纸。换言之，C所看到的应该是一张白纸、三张黑纸。

如此一来，实情是不是就和C的发言完全相吻合了呢？是不是C所说的就是真话了呢？

但是，既然在B眼中C的额头上是贴着黑纸，那么C就不可能说真话。也就是说，C所说的“白纸一张”是错误的。这样看来，B若自己额头上贴白纸，再加上他自己所言的“黑纸四张”，并不符合推论结果。

所以，我们可以证明，B所说的话是假话，只有C一个人说了真话。

而C所看到的一张白纸，正是贴在未曾发言的E的额头上。

29. 被害者是黑龙，凶手是青山。

先用A到F的英文字母，代表图桌旁的六个席位，以简化这项推理过程。

假设尸体在F处，由资料❹得知，坐在A、E席位上的是一对伯侄。

我们可以再透过资料❶得知，白义的席位是B。不过，如果你错以为伯父是坐在白义左边的话，就会推断白义坐在D的席位上了。

所以，假使你能够正确的利用已知资料，现在就应该已经可以判定白义坐在B的席位上，而A是E的伯父。

其次，我们可以由资料❹得知，凶手的位置，一定不在B，也不是D，而是C。而且，还可以由资料❺得知，坐在E席位上的一定是绿松。

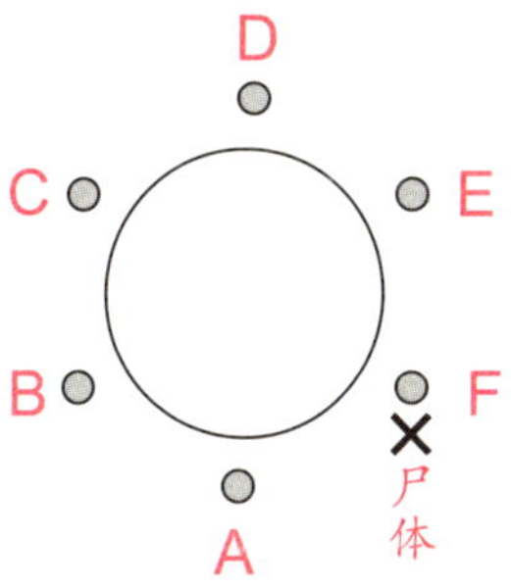

如此一来，能够满足资料❻的相对席位，就只剩下A到D的情形了。将此和资料❸互相对照的话，就可以得知红祈的席位一定是D，青山的席位一定是C。

因为，我们所知的资料是在凶手作案后才得到的，所以A绝对不可能向尸体要一根香烟。

既然已经知道红祈的席位是D，那么D对面的A就一定是黄汉，而剩下的F就是上述资料中都未曾提及的黑龙。

所以，被害者是黑龙，凶手是青山。

A 30. 梅壮所种的是南洋杉、梧桐。

先从桐康所种的树苗想一想：他绝不可能种梧桐。而且，名字和他所种的两棵树苗有关联的人，都已经种了松树，所以，他也不可能再种松树。

因此，桐康所能种的树只有其他三种可能，那就是梅树、樱花树和南洋杉。但是在种松树的两个人当中，我们已知道一个是樱勇。所以，桐康所种的树苗当中，一定有一棵是樱花树。

另一棵的可能性就只剩下梅树和南洋杉了。因此，我们不妨将这两种可能性画成如下表格。

人名 / 可能性	樱勇	松强	梅壮	桐康	杉健
❶	梅、松		松	樱、梅	桐
❷	梅、松			樱、杉	松、桐

现在，我们从❶的可能性开始探讨。因为，“名字和杉健所种的两棵树苗有关联的两个人，都种了樱花树”，所以我们应该在杉健的空格中，填入和种樱花树的桐康名字有关的梧桐。

那么杉健所种的另外一棵树苗，应该是什么才对呢？其中，梅树和松树都已经种下两棵了，所以不可能再种这两种树苗。但是杉健也不可能种下南洋杉、樱花树，或自己已种过一棵的梧桐，因为这样一来就和题意不相吻合了。

所以，我们改由❷的可能性来推理，就会得到下表。

人名 可能性	樱勇	松强	梅壮	桐康	杉健
❷	梅、松	樱、梅	杉、桐	樱、杉	松、桐

由此可知，梅壮所种的是南洋杉和梧桐。

31. 永冈——兰铃——三吉；凯川——菊西——一夫；英山——百合——二郎。

这一个题目的资料，总共有四条。其中，有两条是以“若X则Y”的形式写出来的。因此，我们先把不是这种形式的资料整理一下，改编简化成❶、❷的形式。

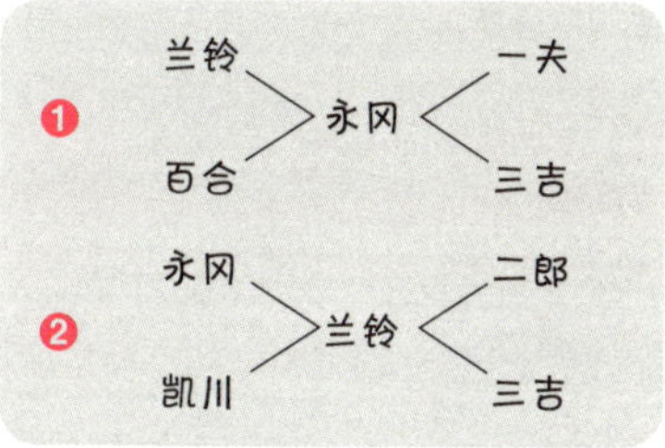

图表❶、❷中的人物，就是有可能的家庭组合：

接着，我们再把“若X则Y”的形式改写一番，如下：

❸ 如果一夫的父亲是英山或永冈，菊西就是三吉的母亲→如果一夫的父亲是凯川，菊西就不是三吉的母亲。

❹ 如果菊西是凯川或英山的妻子，百合就不是一夫的母亲→如果菊西是永冈的妻子，百合就是一夫的母亲。

然后，根据资料❶、❸，先假定一夫的父亲是永冈，再利用其他资料互相对照，就会形成下列的情形：

永冈——百合——一夫

凯川——兰铃——二郎

英山——菊西——三吉

但是，你一定已经发觉这一个组合和资料❹互相矛盾。因此，我们可以判断“一夫的父亲是永冈”的假设不成立。

所以，永冈的儿子非是三吉不可，这样才可以得到满足资料❹的正解。

32. 宇启。

请不要忘记，对方同时也有五名选手应战。

照例做一张图表，并且假定对方选手的名字是A、B、C、D、E。然后，用1、2、3、4、5代表比赛的日期。

接着，根据题目中的已知资料，逐一地将日期填入表中。但是，填表时一定要非常谨慎。

表一

我方选手／对方选手	秋田	景上	宇启	江瑞	山佳
A				5	2
B	5	3			4
C	2			1	
D	3		5		
E					

将已知的比赛日期填入表格之后，就可以得到表一的情形。而剩余的空格就需要依赖读者的推理来解决了。请你注意，任何一个选手都不能够和同一个对手对打一次以上，而且每一个人每天都只能够出赛一场。所以，无论是直行或横行，每一个行列之中，都只有可能出现1到5的数字各一次。

笔者相信，只要你能够想到这点，就立刻可以明白宇启和B对抗的日期是1，而江瑞和D对抗的日期则是4。

我们可以陆续将推理所得的结果填入表中，便能形成表二。

现在，我们还不明白秋田、景上和A、E对抗的日期为何？但是，这一点并不影响我们的答案。

因为由表二可得知第二天和景上相对抗的是D，所以，第五天和D相对抗的是宇启。

表二

我方选手／对方选手	秋田	景上	宇启	江瑞	山佳
A			3	5	2
B	5	3	1	2	4
C	2	5	4	1	3
D	3	2	5	4	1
E			2	3	5

33. E的第二任朋友，现在是D的朋友。

这一题的形式，十分类似于第32题“柔道比赛”。所以，我们仍旧参考题目中的已知资料，绘制成相同样式的一张图表。

先画好以五位演员为中心的表一，并且利用a、b、c、d、e代表五位演员的现任朋友。然后，再将他们的名字（亦即a、b、c、d、e）填入图表之中，以便显示他们五位在过去四次友谊中，究竟是谁的朋友。

表一

交友次数／演员	1	2	3	4	5
A					a
B					b
C					c
D					d
E					e

首先，先根据资料❶，在B与2的空格内填入a；再根据资料❷，在B与4的空格内填入c。然后，根据资料❸，在A与1和C与2的空格内，填上未知的“×”。

如此依序整理到资料⑥的时候，就会形成表二。在这张表中，我们可以发现：D与1和A与2的空格内是c，所以“×”不可能是c。同时，我们也可了解A与c交朋友的时候，是A的第二次友谊；D与c交朋友的时候，是D的第一次友谊。

现在，我们需要决定的是E与2空格内，究竟是谁？因为一个人不可能同时和两个演员交朋友，也没有一个演员有和同一个人交两次朋友的记录。所以，无论是直行或横行的行列中，绝对不可能有同一个朋友出现两次的情形。因此，E与2的空格内，一定不是a、c、e。

所剩下的可能性，就只有b、d了。

但是，如果我们将b填入E与2的空格内，就非得把d填入C与2或D与2的空格内不可。这和我们所定的条件不相吻合，所以，E的第二任朋友一定是d，也就是D的现任朋友。

根据上述资料，一定还有两位朋友的交友史无法查全。相信你已经知道他们是谁了吧！

表一

演员 \ 交友次数	1	2	3	4	5
A	×	c			a
B		a		c	b
C		×	d		c
D	c				d
E			c		e

34. 获胜者是秀月，位置请见下页附图。秀月拿同花大顺，白石拿同花顺，美雪拿四条，黑水拿三条、一对，青山拿红花，红木拿顺子。

我们先按照次序，排列推理的过程。

❶ 由条件A、B、C得知，没有一个男士的牌比白石大。

❷ 但是，由条件F可知，有一个女士的牌比白石大。而且由条件D可知道，这个女人并不是美雪。所以，她一定是秀月。

❸ 到目前为止我们可以知道秀月所拿的牌是1，白石拿的牌是2。接着，我们再由条件F得知，秀月坐在黑水的右边；由条件E得知，红木的右边是美雪。同时，再由条件G得知，美雪的正对面是青山。

❹ 这时，你是否已经发觉，题目所提到的资料里面，每一个手中拥有较大牌的人，都是坐在某一个人的右边。但是，却没有提到坐在白石右边的人。因此我们可以知道，这一个人手中所拥有的牌最小。

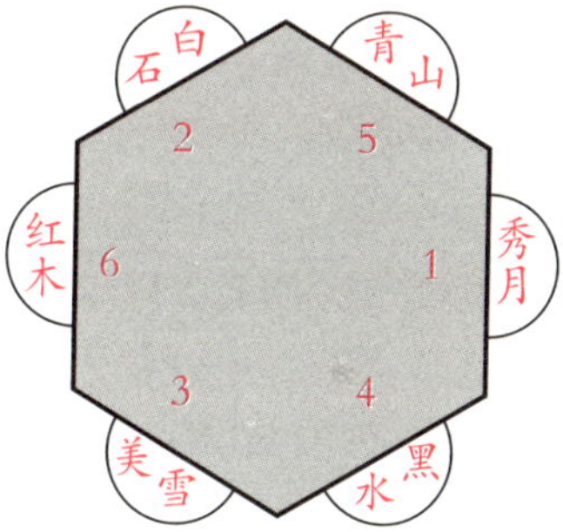

❺ 这一个人一定是男士，因为条件E、F之中显示有一位男士的牌，比任何一位女性的牌都要小。

❻ 由C和D的资料中得知，青山的右边是男士，白石的右边也是男士。秀月坐在黑水的左边。美雪坐在红木的右边。所以，坐在白石右边的人（即手中所拥有的牌最小的人）是红木。

❼ 因此，白石坐在红木和青山的中间。白石的正对面是黑水。黑水坐在两位女士之间。

推理至此，相信你一定已经得到如下的解答了。

35. 曹先生。

到目前为止，虽然我们只了解曹先生在预演之前和真正演出之时，各自扮演哪一个角色。但是，我们可以善用这一项资料来做进一步的推理。因为在预演之前一定不可能有其他人扮演诸葛亮的角色；而在真正演出之时，也不可能有其他人扮演红脸关公的角色。

其次，我们可以推算一下关先生和诸葛先生在预演之前，所排练的角色。但是因为目前我们还不明白这两个角色究竟为何？所以就暂时先以“X”代替前者，“Y”代替后者。

接着，再利用上述的资料绘成下表一。

表一

时间 演员姓氏	预演前的角色	演出时的角色
关	X	
曹	诸葛	关
刘		
诸葛	Y	
张		
X		张
Y		曹

这时，请你牢记表中的任何横行，都不能够有一个以上的相同角色。而且，除了下面两行的“X”、“Y”部分以外。直行的任何一行，也都不能够重复出现同样的一个角色。

接着，下面就请你根据这个判断基础继续推理。

“X”不是先前排练“X”角色的关先生之姓；也不是曾经排练“Y”角色的诸葛先生之姓；更不是先前排练诸葛亮的曹先生之姓。

而且，跟“X”同姓的先生，在真正演出时扮演张飞，所以“X”也一定不姓张。

由此可知，“X”姓刘。

我们再利用同样的推理方式，知道“Y”一定不是诸葛姓氏，也不是关姓、刘姓或曹姓。

所以，“Y”姓张。

将这些资料填入表一之后，就可以得到表二。

剩余的空格，对你而言，应该是轻而易举了吧！

表二

时间 / 演员姓氏	预演前的角色	演出时的角色
关	刘	
曹	诸葛	关
刘		张
诸葛	张	
张		曹

36. 凶手是春男。

只要你能够记住“这四个关系人的八句证词都是谎话”这一点，就不难推理出下列八项新的事实：

❶ 凶手是四个人其中的一个；

❷ 春男离开的时候，被害者已经死亡了；

❸ 夏民并不是第二个进入房间里面的人；

❹ 夏民抵达的时候，被害者还活着；

❺ 秋雄并不是第三个进入房间里面的人；

❻ 秋雄离开房间的时候，被害者已经死亡；

❼ 凶手比冬顺晚到那个房间；

❽ 冬顺到达的时候，被害者还活着。

因此，我们可以透过❶、❹、❽、❷、❻的事实得知，夏民和冬顺比春男和秋雄早到凶杀案现场。而且，由❸可知，夏民一定是第一个抵达现场的访客，而冬顺则是第二个访客。其次，又可由❺得知春男是第三个抵达现场的访客，所以秋雄一定是最后一个抵达现场的访客。

既然被害者在第二个访客冬顺到达时尚未死亡，而且在第三个访客春男离开时已经死亡，就可以证明凶手不是冬顺就是春男。

但是，经由❼得知，凶手比冬顺晚到那个房间，所以凶手一定是春男。

37. 爱着一夫的少女是秋云。

先用符号来简化这个问题，并且利用一、春等简称，来代表四对男女的名字。此外，再规定“一→春”代表“一夫爱着春秀”。“一×春”代表“一夫不爱春秀”。

一切都准备就绪之后，就可以将题目简化成：

❶ 一→?　→?　→春→?

❷ 二→?　→?　→夏→?

❸ 三→?　→ 四→?

❹ 秋×二

❺ 冬→?　× 秋

因为他们之中，并没有相知相爱的男女。所以，不是由八名男女组成一个循环的八角关系，就是由各四名男女组成两个循环的四角关系。我们先来想想两个四角关系时的情形。

由❸得知，三吉和四祥是在同一个循环之中。所以，一夫和二郎一定是在另外一个循环之中。这时，再将❶和❷的条件配合起来，就可得到一→夏→二→春→一的四角关系。但是，我们进一步就会发现，秋云和冬美同一组的四角循环关系，并不能满足❺的条件。所以，两个四角循环的情形并不能成立。

因此，我们再来想想，形成八角关系时的情形。

由❶得知，爱春秀的男生并不是一夫，而且由❸得知也不是四祥。因为，如果四祥爱春秀的话，就会从❶和❸的条件中，推论出一夫和三吉是同一人的结果。

所以，爱春秀的人不是二郎，就是三吉。如果我们假定是二郎爱春秀，那么就可以形成符合上列五个条件的八角关系，如下所示：

一→冬→二→春→三→夏→四→秋→一。

这时，我们就可以明白，爱一夫的少女是秋云。

假使刚才我们设定爱春秀的男生是三吉，那么将会形成怎样的矛盾呢？请你不妨也想一想。

A 38. 今开的物理得1分。

五个人五科的总分，一共是（5+4+3+2+1）×5＝75分。而其中，安平一个人就得了24分。这24分的分布情形，只有一个可能，那就是5、5、5、5、4的情形。

其他四个学生，共分剩余的51分。但是我们知道总成绩最后一名的金川的物理是第一名，语文是第三名。所以，他的总成绩至少也应该有11分。

这样一来，我们就可以推测出这四个人的总分分布情形，只有下面的这一种可能，那就是：

今开 —— 15分。宇生 —— 13分。立本 —— 12分。金川 —— 11分。

其中，金川的各科成绩一定是5、3、1、1、1。

接着，我们再根据上述资料，来做进一步的推理。

❶ 金川的物理是第一名。所以，安平的物理分数一定是四分。

❷ 宇生的分数排列，应该是3、3、3、3、1。而且其中的1分一定是语文，因为语文科得第三名的是金川。因此，宇生的物理分数一定是3分。

❸ 立本的分数排列，应该是4、2、2、2、2，因为，5分和3分已经分别为安平和宇生所得了，而物理的4分早已属于安平。所以，立本的物理分数一定是2分。

现在，你已经知道今开的物理分数是1分了吧！

如果光靠已知的资料，我们并没有办法得知今开和立本两个人的各科分数各是几分。因此，既然题目并没有要求那么多，我们就只需要找出问题的答案就可以了。

A 39. 6—5、5—5、5—4、4—4、6—6、6—4、6—3、5—3。

先将骨牌的牌面，按照每一张的数值，加以分类。

由下页表可知，一张牌面的数值，能够等于12或11的机会很少，顶多只有一次而已。已知春珍所出的两张牌的数值，总计23点，因此春珍所出的牌，一定是数值12和11的两张。

也就是说，春珍所出的牌，分别是牌面“6—6”和“6—5”的两张。

以下依次类推可知：

夏珠所出的两张牌面（共20点）是“6—4”和“5—5”。

秋玉所出的两张牌面（共18点）是“6—3”和“5—4”。

冬佩所出的两张牌面（共16点）是“5—3”和“4—4”。

冬佩本来应该还有可能出牌面为“6—2”的那一张牌，但是春珍在第三循环的开始，出了这一张“6—2”的牌，所以这张牌不可能在冬佩手中。

12	6-6			
11	6-5			
10	6-4	5-5		
9	6-3	5-4		
8	6-2	5-3	4-4	
7	6-1	5—2	4-3	
6	6-0	5-1	4-2	3-3
5	5-0	4-1	3-2	
4	4-0	3-1	2-2	
3	3-0	2-1		
2	2-0	1-1		
1	1-0			
0	0-0			

现在，我们已经知道在这两个循环之中，四个人所各出的两张牌是什么了。

那么，在第一循环的第一张，春珍所出的是哪一张牌呢？

绝对不是“6—6”，因为如果春珍出“6—6”，夏珠就应该出“6—4”；而秋玉则需要以“4—5”或“6—3”来接。连接下去的结果，你将会发现，这种接法绝对无法将四个人所出的八张牌连接起来。

因此，春珍所出的第一张牌，一定是“6—5”。其余如下：

	第一张	第二张
春珍	6—5	6—6

夏珠　5—5　　6—4

秋玉　5—4　　6—3

冬佩　4—4　　5—3

为了使读者更加明白，笔者将她们的牌面次序图示如下：

冬 ②	秋 ②	春 ②	春 ①	夏 ①	秋 ①	冬 ①	夏 ②
5　3	3　6	6　6	6　5	5　5	5　4	4　4	4　6

读者如果对骨牌较不熟悉，一定会觉得这一题比较困难。但是，笔者相信只要你能够找出正确的推理次序，就一定能够顺利得到正解。而且，实际上这一题也并不需要你熟悉骨牌的玩法。只要你能够发现问题的真正本质，并做适当的推理，谜底自然可以揭晓。

40. 窃贼是二郎。

三个人之中，没有一个人在证词内透露自己的名字。所以，哪一句证词是谁说的可能性，一共有A、B两种：

A：❶ 二郎 —— 一夫不是窃贼；

❷ 三吉 —— 二郎所说的是真话；

❸ 一夫 —— 三吉撒谎。

B：❶ 三吉 —— 一夫不是窃贼；

❷ 一夫 —— 二郎所说的是真话；

❸ 二郎 —— 三吉撒谎。

我们先讨论A的可能性。A可以整理成：

❶ 二郎 —— 一夫不是窃贼；

❷ 三吉 —— 一夫不是窃贼；

❸ 一夫 —— 一夫是窃贼。

也就是说，在A之中，❷证明❶，❸否定❷，而且进一步否定❶。

因此，如果我们利用A的推论模式，就会发现如果一夫真的是窃贼，那么一夫就变成说真话的窃贼。

这样一来，不就等于违反了题目中“真正的窃贼说了谎”的条件了吗？所以，这一推论不能够成立（即A不正确）。

现在，只剩下B的可能性了。B可以整理成：

❶ 三吉 —— 一夫不是窃贼；

❷ 一夫 —— 一夫是窃贼；

❸ 二郎 —— 一夫是窃贼。

即在B之中，❸否定❶，❷肯定❸，而且否定❶。

但是我们知道如果一夫是窃贼的话，同样会违反题意，因为他不可能既是窃贼，又不撒谎。

所以，一定是一夫和二郎两个人都说了谎。但是，前面的推理已经证实一夫不是窃贼。因此，真正的窃贼一定是二郎。

A 41. 矮胖子是诚实族人。

在这个谜题之中，我们应该从哪里去找线索呢？

虽然高瘦子岛民回答说：“贝贝尔。”但我们却无法从他的话里得知，这句话究竟是代表“是”？还是“否”？

因此，请读者设身处地从岛民的立场想一想，就可顺利得出正解。

如果你是诚实族人，那么当博士问：“你是诚实族人吗？”的时候，你应该做出什么回答呢？

因为你是诚实无欺的，所以答案一定是“是”。

但如果你是撒谎族的时候，又会如何回答呢？

因为你是撒谎族，所以有人问：“你是诚实族吗？”的时候，你绝对不可能老实回答："否"。

因此，无论这位高瘦子的岛民是属于哪一支部族，他的答案一定是"是"。由此可知矮胖子说了实话。

42. 只有最右端的岛民是诚实族人。

这种问题的关键，在于我们应该怎样才能够找出推理的线索。因此，我们不妨先来想一想，中间的人怎么说。

躺在中间的人说：

"躺在我两旁的人，都是属于同一个部族。"

但我们知道躺在左边和右边的人，对同一个问题都说出了不同的答案。因此，这两个人不可能是同一个部族。也就是说，躺在中间的这位男士是撒谎族。

然后，我们再将这一项事实和其他两位的发言互相对照一番，就不难找出真正的答案：只有右端的岛民是诚实族人。

43. 三位岛民都是撒谎族人。

首先，我们应该能够立刻否定这三位岛民都是诚实族的可能性。因为，如果他们都是诚实族，那么他们的答案就不可能会有那些相互矛盾之处。

其次，如果我们假设第二位岛民是诚实族的话。那么，第三位岛民也一定是诚实族的。这样一来，就等于有两位岛民是诚实族了。但这两位岛民又否定第一位岛民所说的："我们之中有两位是诚实族。"因此，这两位岛民是撒谎族。

既然这两位是撒谎族。那么，第一个岛民所说的也是谎话了。

因此，三位岛民都是撒谎族人。

44. 第四位青年是诚实族人。

相信你一定能够立刻判断出第一个青年是撒谎族。因为，如果这四个青年都是撒谎族，这位青年所说的话就是实话。这样一来，他不就是说真话的撒谎族人了吗？

因此我们就可以知道，他们四个人之中至少有一位是诚实族人。

然后，我们还可以推算出第二个人是撒谎族。因为，如果他是诚实族，那么第三个人一定是撒谎族。这样的结果之下，必定有两位撒谎族人（第一个和第三个），和他自己所说的话又互相矛盾了。

我们似乎无法判断第三个人是诚实族还是撒谎族。但我们可以知道，如果他是诚实族，那么他和第四个人就是四人之中的两位诚实族。如果他不是诚实族，那么第四个人就是四人之中唯一的诚实族人。

45. 右边的人是诚实族，左边的人是不可靠族。

这个谜题十分简单。请你先留意一下，中间的人如何回答。

如果他真的是不可靠族，那么他左右两边的人就都说了谎话（即会有两名撒谎族人）。这种结论与题意不合，因此绝对不可能成立。

所以，我们可以推断中间的人一定说了谎话，也就是说坐在中间的人一定是位撒谎族人。接下来的推论就更轻而易举了。因为坐在右边的人一定是诚实族，而坐在左边的人则是不可靠族。

46. 可以。A、D是诚实族，B、C是撒谎族。

假如，四位岛民都是属于同一支部族（无论是诚实族或撒谎族）。那么，他们的答案一定只有“是的！”或“不是！”其中的一种。因此，我们可以推断这四个人之中一定包括两支部族。

另外，这四个人的坐法，有下列四种可能：

❶ 诚实族的左边是撒谎族；

❷ 诚实族的左边是诚实族；

❸ 撒谎族的左边是撒谎族；

❹ 撒谎族的左边是诚实族。

在这四种可能性中，如果有人问他们：“坐在你左边的人，是不是和你同一支部族呢？”你想，他们会做何回答？

❶ 坐在撒谎族右边的诚实族，一定回答“不是！”；

❷ 坐在诚实族右边的诚实族，一定回答“是的！”；

❸ 坐在撒谎族右边的撒谎族，一定回答“不是！”；

❹ 坐在诚实族右边的撒谎族，一定回答“是的！”。

总而言之，无论回答者本身是属于哪一支部族，只要坐在他们左边的是撒谎族，他们就一定会回答“不是！”。反之，如果坐在他们左边的是诚实族，那么他们的回答就一定是“是的！”。所以博士可以仅凭这句话就判断出A、D是诚实族，B、C是撒谎族。

47. 只有一位诚实族人。

只有撒谎族才会回答“连一个诚实族也没有”，而且从他的谎话中，我们可以推断，六人中至少有一位是诚实族。

但是在我们只听到前五个人的回答时，只能推论出一、二或三位，这几种不确定的诚实族人数日。所以，一定要知道第六个人的回答之后，才能够解决疑问。

那么，第六个人应该是如何回答的呢？

现在，让我们考虑下列的几种可能性：

❶假使他回答：“有六个”“有五个”或“有四个”的时候，诚实族一定只有一个；

❷假使他回答：“有三个”的时候，就有一个（第二位岛民）或三个（第四、五、六位岛民）是诚实族的可能性；

❸假使他回答“有二个”的时候，他们之中，就有一个（第二位岛民）或二个（第一、六位岛民）是诚实族的可能性；

❹假使他回答“没有一个诚实族”的时候，就只有一个（第二位岛民）是诚实族。

题目中告诉我们，博士听完了第六个人的回答之后，一切疑问涣然冰释。所以，第六个人的回答应该是❶或❹。也就是说，无论第六个人回答❶还是❹，都能够证明这六位岛民之中只有一位诚实族。

换言之，也唯有第六个人回答“有六个”“有五个”“有四个”或“没有一个”的情形下，才能够使博士的疑问涣然冰释。

附带一提的是，为什么第六个人绝对不会说“只有一个诚实族”呢？你不妨可以想想看！

A 48. 48人。

这一个谜题的线索看起来很少。但是请注意，解决这个问题的关键，就在于长老们所说的“我是诚实族”和“我的左邻是撒谎族”这两句话上面。

大家都能够异口同声地说“我是诚实族”和“我的左邻是撒谎族”的情形，其实只有一种——

那就是两族长老们围着圆桌、间隔而坐时，而且参加的人数一定是偶数。

因为，如果有诚实族和诚实族或撒谎族和撒谎族并肩而坐的情形时，就一定会有“我的左邻是诚实族”，或者“我的左邻是撒谎族”的两种答案。

另外，又因为两族长老都是间隔而坐。所以，围着圆桌的人数一定是偶数。

因此，我们可以推断：主席是撒谎族，坐在主席旁的副主席是诚实族，出席的人数一共是48人。

49. 博士对这三位小姐连问了两次："你是不是不可靠族的？"

如果博士对这三位小姐都问："你是不是不可靠族的？"而且连问两次。那么，能够得到的答案就是①是 —— 是，②是 —— 否（或否 —— 是），③否 —— 否这三个。

先从①是 —— 是来想想看。不可靠族的答案一定是一真一假，所以绝不可能做这种回答。而诚实族是以绝对的诚实为荣，因此也不可能说出这种谎话。

所以，回答①是 —— 是的人一定是撒谎族。

其次，同理可知，回答②是 —— 否（或否 —— 是）的人，一定是不可靠族。因为，他们的回答总是一真一假。

而回答③否 —— 否的人，则一定是诚实族。

现在，你已经完全明白，她们三个人所分属的种族了吧！当然，利用其他的方法也可以达到同样的目的。但是，这个答案却是又合理、又简单的。

50. 迦蓝是诚实族，查蓝是不可靠族，达蓝是撒谎族。

这一个题目，对你来说或许太简单了吧！

查蓝的第一次回答一定是谎话，因为撒谎族和诚实族都绝对不可能说出自己是撒谎族这样的话。

所以，查蓝一定是不可靠族，因此他的第二个答案是真话。

既然查蓝已经证明迦蓝所说的是真话，那么迦蓝一定是诚实族了。

现在，正确的答案你已经明白了吧！

51. 卡片颜色是红、蓝（或蓝、红），C是不可靠族。

老师先后所拿出来的卡片颜色，只限于红、蓝而已。所以，这两张卡片的颜色组合，只有下列四种：①红—红；②蓝—蓝；③红—蓝；④蓝—红。

而孩子们的回答是这样的：

A说：蓝—红；

B说：红—蓝；

C说：红—红。

因为，A、B、C之中，有一个小孩是诚实族。所以，这个小孩所说明的颜色，才是正确的。

那么，上述四种可能性之中，应该是哪一种颜色组合才正确呢？

绝对不会是红 — 红。因为，如果是红 — 红的话，撒谎族的孩子一定会说成是蓝 — 蓝。但是，A、B、C之中，却没有一人回答蓝 — 蓝。

也不可能会是蓝— 蓝。因为，如果是蓝 — 蓝的话，诚实族的孩子一定会回答蓝— 蓝。而我们已经知道，三人的答案之中并没有蓝 —蓝。

所以，这两张卡片一定是红 — 蓝或蓝— 红。

不过，我们并不能够从资料之中直接判断红、蓝这两张卡片的先后次序。也就是说，我们无法判断这个题目之中，谁是诚实族，谁是撒谎族。

但是，我们知道有一个人说对了一张，也故意说错了一张，他就是C。因此，C是不可靠族。

52. 东家是撒谎族，西、南是不可靠族，北家是诚实族。

诚实族永远诚实，撒谎族永远撒谎，不可靠族则永远一真一假，或者一假一真。所以，如果不可靠族的第一个答案是谎话，那么他第三个答案就一定也是谎话。

现在，让我们把这四个人的答案整理一下，绘成一张如下页的表。表中的黑体字，代表这四个人的第一次和第三次答案。而且，“撒”代表撒谎族，“诚”代表诚实族，“不”代表不可靠族。

我们先从东家的答案开始推想：东家的第三个答案说南家是诚实族，所以如果东家的第三个答案是真话，那么南家的所有答案，就应该都是真话。而南家的第一个答案又说东家是撒谎族，因此这项推论本身产生矛盾。

由此可知，东家的第三个答案一定是谎话，而且他的第一个答案也一定是谎话（无论他是不可靠族或撒谎族）。所以，北家绝对不是不可靠族。

另外，刚刚我们也已经推论出南家不是诚实族。综合上述，则西家的第一个答案和第三个答案一定是谎话。

既然西家的第一个、第三个答案是谎话，那么北家就一定不是撒谎族。北家不是撒谎族，又不是不可靠族，他就应该是诚实族，所以他所说的话就绝对是真话。因此，本题的正解如下：

东家是撒谎族，西家和南家是不可靠族，北家是诚实族。

此外，附带说明一点，西家的第一、第三个回答是谎话，而南家的第二个回答也是谎话。

	东	南	西	北
东家的答案		诚	诚	不
南家的答案	撒		不	撒
西家的答案	撒	诚		撒
北家的答案	撒	不	不	

53. X是撒谎族，Y和Z是不可靠族。

首先，我们先把这三位岛民的位置整理一下。X的左邻是Y，右邻是Z，Y的左邻是Z，右邻是X。然后，再将他们三个人的答案列成下表：

岛民＼回答	X是	Y是	Z是	X是	Y是
X	不可靠族	诚实族	撒谎族		
Y		不可靠族	诚实族	撒谎族	
Z			诚实族	撒谎族	撒谎族

相信你看了这一张表之后，就知道三个人之中没有一个是诚实族。

首先，如果Z是诚实族，Y就是撒谎族，而撒谎族的Y，不可能说Z是诚实族，因此Z不是诚实族。再者，X和Y都说自己是不可靠族，则此二人也不可能是诚实族。

那么X是不是不可靠族呢?

假如是的话，X的第一个和第三个答案就是正确的。也就是说，Z是撒谎族。但是，这一个撒谎族的Z却说Y是撒谎族，此与前述结论不符。故X不是不可靠族，而是撒谎族。Y说X不是撒谎族，则可知Y是不可靠族（第一个和第三个答案是正确的）。

综合上述，撒谎族的X说Z是撒谎族，不可靠族的Y在第二次应该说谎话时说Z是诚实族，则可知Z既非诚实族，也非撒谎族，而是不可靠族。

因此，X是撒谎族，Y和Z则是不可靠族。而且，Y的第一个和第三个答案是真话；Z的第一个和第三个答案是谎话。

A 54. 两位岛民都是撒谎族，冠军是不可靠族，亚军是撒谎族，季军是诚实族。

我们把这两位岛民的答案列成一张表如下:

岛民＼回答	对方是	冠军是	亚军是	季军是
高个子	不可靠族	诚实族	不可靠族	撒谎族
矮个子	不可靠族	撒谎族	诚实族	不可靠族

假如这两位岛民都是不可靠族，那么，他们两位的第一个答案就都是正确而且相同的。也就是说，根据不可靠族一真一假（一假一真）的习性来说，他们两位的第三个答案，也应该都是正确而且相同的才对。

但是，我们从这张表中就可以得知，这两位岛民对于第三句问话的答案并不相同。因此，我们可以推断，这两个人之中至少有一位不是不可靠族。

现在，假使我们推断其中一个人是诚实族（无论他是高个子或矮个子）。那么，另外一个答案全然不同的人，就应该是撒谎族才对。

但我们知道，在回答第一个问题的时候，这两位岛民都互相指明对方是不可靠族。所以，这两个人都不可能是诚实族（否则，就应该有对方是撒谎族的答案出现）。也就是说，这两位岛民之中，最少有一位是撒谎族。

这样一来，另外一位也就不可能是不可靠族了（因为，撒谎族的人说他是不可靠族）。因此，另外一个人一定也是撒谎族。

所以，我们可以知道这八句答案都是谎话。而两位岛民是撒谎族，冠军是不可靠族，亚军是撒谎族，季军是诚实族。

A 55. 第一位是不可靠族，职业是老师，昵称医生；第二位是撒谎族，职业是医生，昵称银行家；第三位是不可靠族，职业是银行家，昵称老师。

把这三位岛民的答案，简化成下列的一览表如下：

问题 / 岛民	昵称	种　族	右邻的职业	左邻的昵称
Ⅰ	老师	不可靠族	老　师	银行家
Ⅱ	老师	不可靠族	银行家	银行家
Ⅲ	老师	撒谎族	医　生	银行家

从这张表中，我们可以发现一个重要线索，那就是第三位岛民的第二个答

案。说自己是撒谎族的人，一定不是诚实族，也不是撒谎族。所以，第三位岛民一定是不可靠族。按照不可靠族的原则而言，第三位岛民的第四句答案，一定和第二句答案一样是谎话；而第一、三句答案则是真话。

因此我们可以知道，第三位岛民是不可靠族，别人昵称他为老师；他的右邻所从事的职业是医生；而他的左邻则不被称呼为银行家。利用这个结论，再进一步推理之后，我们可以得知第三位岛民的左邻人称医生，右邻的昵称则是银行家。

接着，再将这些已知的资料拿来和第一、二位岛民的答案互相对照比较，就可得知：第一位岛民的左邻（即第三位岛民的右邻）是以医生为职业，昵称银行家。因此，也就是说第一位岛民的第一个答案是谎话，而第四个答案是真话，所以他也是不可靠族。既然第一位岛民是不可靠族，那么他的昵称就不会是老师，他的右邻（即第三位岛民）的职业也不可能是老师。

现在，我们仅就职业而言，已经知道第一位岛民的左邻（即第二位岛民）是医生，右邻（即第三位岛民）不是老师。所以，我们就可以推断第一位岛民的职业是老师，第三位岛民则是银行家。

因此，第二位岛民所属的部族一定是撒谎族。

A 56. 西瓜、冬瓜、南瓜是不可靠族，胡瓜是诚实族。10句。

首先，我们应该想一想，这16句谈话中，那一句话最容易着手研究。因为推理的出发点，能够决定所有推理过程的难易程度。

现在，就让我们来研究一下南瓜的第一句话。南瓜说他不是诚实族，这句话绝对不是谎话，因为如果这句话是谎话，那么南瓜就是诚实族；而诚实族撒谎是绝对不可能发生的事情。

所以，南瓜的第一句话是实话。而且，因为南瓜不是诚实族，也就证明南瓜绝对是不可靠族。根据不可靠族的原则而言，则南瓜的第一、三句话是实话，第二、四句话是谎话。

既然南瓜的第二句话是谎话，南瓜就的确曾向西瓜借过五个南瓜。

所以，西瓜的第四句话就一定是真的。既然西瓜说过这句真话，他就不可能是撒谎族，而应该是诚实族或不可靠族。也就是说，我们连带地也可以证明西瓜的第二句话是正确的。

由此得知，胡瓜是诚实族，冬瓜的第一句话是谎话。而且，因为冬瓜不可能是诚实族，西瓜的第三句话（冬瓜是诚实族）就一定是谎话。

所以，西瓜是不可靠族，他的第一句话是谎话。也因此冬瓜的第二句话是真话，他是不可靠族。现在，你是不是已经搞清楚他们四个人所各自分属的部族了呢？

西瓜、冬瓜、南瓜 —— 不可靠族。

胡瓜 —— 诚实族。

答案清楚之后，就请你对照一下，西瓜、冬瓜、南瓜的发言中，哪几句是对的？哪几句是错的？由此即可算出这四个人一共说了10句真话。

A 57. 第三种不可靠族的第一句答案是真话。

我们知道第一种不可靠族的第一、三次发言是真话，而且也知道这三个岛民之中，一定有一个第一种人。所以，我们就从这个关键开始推理。

假如第一个人属于第一种，他的名字就应该是罗密欧，而他的左邻（第二个人）则属于第二种。当然，第三个人也就理所当然地属于第三种（因为，从题意之中，我们知道第一、二及第三种的不可靠族各有一位）。

第三种不可靠族的第一句话，或许是真话，也或许是假话。但是，在我们假设第一个人属于第一种的情况之下，因为第三个人的第一句话（我叫罗密欧）和第一个人的第一句话互相矛盾，我们就可以推断第三个人的第一句话是谎话。

也就是说，在这种推理下第三个人的第二句话（我的左邻［第一个人］是哈姆雷特）应该是实话。但是我们发现，这样的推理结果和第一个人的发言互相矛盾。因此可判断，第一个人属于不可靠族第一种的假设不能成立。所以，第一个人绝对不是属于第一种。另外，第二个人也不可能属于第一种。因为，如果他属于第一种，他的第三句话就应该是正确无误的。但是，他竟然说他的左邻（第三个人）属于第一种，也就可以证明他一定不是第一种（因为，在题目中，一种只有一个人）。

既然第一、二个人都不属于第一种，那么第三个人无疑就一定属于第一种。因此，他的第三次回答应该是正确的。也就是说，他的左邻（第一个人）属于第二种不可靠族，则第二个人就属于第三种不可靠族。

现在，我们就来看看第二个人所说的三句话。在他的第三次发言中，他说的是真话（我的左邻［第三个人］属于第一种不可靠族）。因此，按照不可靠族的习俗来说，他的第一句答案也应该是正确的。

A 58. 玛亚（诚实族）——严局（不可靠族）；弥亚（不可靠族）——杨春（撒谎族）；努亚（不可靠族）——白展（撒谎族）；美亚（撒谎族）——洪韶（诚实族）。

为了简化推理过程，我们不妨利用条例的方式写出所需资料。

（1）假如弥亚的第二句话是真的，那么，弥亚就应该是不可靠族。因为，她的发言是实话，而且她的丈夫是诚实族，则她不可能是撒谎族或诚实族。因此，弥亚的第一句是谎话，又可推知努亚是诚实族，则美亚的第二句话是谎话。而也因为，努亚是诚实族，可以证明美亚的丈夫是撒谎族。因此，美亚不应该是撒谎族，而是不可靠族；则可得出弥亚是诚实族的结论。

但是这样一来，推论的结果就和前面的假设“弥亚是不可靠族”互相矛盾。所以我们一开始的假定一定是错误的。也就是说，弥亚的第二句话应该是谎话。因此，弥亚不是撒谎族，就是不可靠族。而且，美亚也一样不是撒谎族，就是不可靠族（因为，美亚的第一句发言是谎话）。

（2）如果努亚的第一句发言是实话，那么美亚就不可能是撒谎族（因为她的丈夫是撒谎族），则美亚一定是不可靠族，而且第二句发言是实话（因为，美亚的第一句发言是谎话）。不过，这样一来，努亚的第一句话就是谎话，违反了原来的假设。所以，我们知道，努亚的第一句发言应该是谎话才对。也就是说，弥亚的第一句发言是实话（因为，努亚至少撒谎一次）。故可知弥亚是不可靠族（因为，弥亚的第一句发言是实话，第二句发言是谎话），因此弥亚的丈夫一定是杨春（因为，弥亚的第三句发言一定是实话）。

（3）因为弥亚是不可靠族，所以杨春不可能是不可靠族。而且，因为弥亚的第二句是谎话，所以杨春也不可能是诚实族。既然不是不可靠族，又不是诚实族，杨春就一定是撒谎族。

（4）在（2）之中，我们已经证明，努亚的第一句发言是谎话。因此，无论她是撒谎族或不可靠族，她的第三句话都一定是谎话。另外，在（1）之中，我们也已得知，美亚的第一句话是谎话。所以，美亚的第三句发言也一定是谎话。因此，玛亚不是撒谎族，也不是不可靠族，而是诚实族。

（5）既然玛亚是诚实族，努亚的丈夫就一定是白展。而且，白展也一定是撒谎族。所以，努亚不是撒谎族，而是不可靠族（因为，我们已经知道努亚的第一、三句发言是谎话，所以努亚绝不可能是诚实族）。

（6）因此，努亚的第二句发言是实话，美亚的第二句发言是谎话。也就是说美亚是撒谎族。

（7）因为努亚的第二句发言是实话。所以，洪韶不可能娶同为诚实族的玛亚。因此，洪韶的妻子应该是美亚，严局的妻子才是玛亚。

（8）此外，因为玛亚的第三句发言一定是实话，所以，严局是不可靠族（既然玛亚已经是诚实族，严局就不可能是诚实族）。

这一题很复杂吧！不过，我们总算找到答案了。

59. 伍加皮（撒谎族）——桃花（不可靠族）——子虎（诚实族）；卫士忌（诚实族）——荷花（撒谎族）——子豹（不可靠族）；白兰帝（诚实族）——菊花（撒谎族）——子象（不可靠族）；绍兴（不可靠族）——梅花（诚实族）——子狮（撒谎族）。

这一题的解法也和上一题一样，先将推理资料列下来。如果我们在推理的过程中，获得任何一项的资料，就马上把它填入一览表中。

现在，就让我们开始吧！

（1）假如菊花的发言❷是实话，菊花自己一定不是诚实族（因为，她的儿子是诚实族）。所以，菊花的第一句话一定是谎话（也就是说，菊花是不可靠族）。因此，梅花应该是诚实族。按梅花发言❶所说，荷花是撒谎族，那荷花的发言❷是谎话的话，菊花不是不可靠族。

这样的结论和前面的假设（菊花是不可靠族）互相矛盾。因此证明我们的假设（菊花的发言❷是实话）是错误的。亦即菊花的发言❷是谎话。菊花和菊花的儿子都不是诚实族，所以，菊花的丈夫一定是诚实族。

（2）由（1）的结论可知，菊花的发言❸是谎话，菊花是撒谎族（因为，菊花的发言❷、❸都是谎话）。所以，菊花的第一句话也应该是谎话。因此，梅花是诚实族，则荷花是撒谎族（梅花的发言❶是实话）。

（3）既然梅花是诚实族，梅花就是邵兴的太太。那么，邵兴就一定不是诚实族。

（4）在（2）的推论之中，我们已知荷花是撒谎族。所以，子豹一定是荷花的儿子（荷花的发言❸是谎话）；邵兴则不是子豹的父亲（邵兴的妻子是梅花）。

（5）因为梅花的发言❸是实话（梅花是诚实族），荷花和伍加皮就一定属于同一支部族（撒谎族）。也就是说，伍加皮的太太一定不是同属于撒谎族的荷花或菊花。故伍加皮之妻当是桃花（桃花绝对不可能是撒谎族）。

表一

			撒	撒	诚				
		桃花	荷花	菊花	梅花	子虎	子豹	子狮	子象
	卫士忌	×			×				
撒	伍加皮	○	×	×	×				
	白兰帝	×			×				
	邵兴	×	×	×	○		×		
	子虎		×						
	子豹	×	○	×	×				
	子狮		×						
	子象		×						

现将上述数项推论表列如下。

（6）既然伍加皮的妻子是桃花，子豹就一定不是伍加皮的儿子（因为子豹是荷花的儿子）。

（7）因为桃花不可能是撒谎族，而桃花的发言❷偏偏又是谎话[在（4）之中已经得知，邵兴不是子豹的父亲]。所以，桃花一定是不可靠族（发言❶、❸是实话）。

（8）既然桃花的发言❶、❸是实话，子象就一定是白兰帝的儿子，子狮也应该是撒谎族。

（9）因为白兰帝不是桃花的丈夫，也不是荷花的丈夫（荷花之子为子豹），子象就一定不是桃花或荷花的儿子。

写到这里，我们再将（6）、（7）、（8）、（9）的结论继续填入表一中，就可以得知：

（10）子豹是卫士忌的儿子，子象是菊花的儿子。此外在（8）之中，我们已经知道子象是白兰帝的儿子，所以白兰帝和菊花是夫妻。

（11）同样的，我们还可以明白，卫士忌和荷花是夫妇，而子豹是他们的儿子。

（12）因为子狮和伍加皮都是撒谎族，子狮就一定不是伍加皮的儿子。所以，在我们去除这些不可能的情形之后，就可以得知子狮是邵兴的儿子，梅花和邵兴是夫妻，梅花的儿子是子狮，而子虎是伍加皮和桃花的儿子。

填上这些资料之后，我们就可以得到表二。

（13）现在我们已经明白，这四位小孩的双亲分别是谁。所以接下去的工作只是调查卫士忌、白兰帝、邵兴、子虎、子象和子豹这六个人究竟是属于哪一支部族。

（14）伍加皮、桃花是夫妻。伍加皮是撒谎族，桃花是不可靠族。所以，他们的儿子子虎就该是诚实族的。

（15）邵兴、梅花、子狮是一家人。梅花是诚实族、子狮是撒谎族。所以，邵兴是不可靠族。

（16）荷花是撒谎族，因此她的发言❶是谎话。也就是说，子豹既不是撒谎族，也不是诚实族，而是不可靠族。所以，子豹的父亲卫士忌是诚实族。

（17）菊花的发言❷是谎话，所以，子象（菊花的儿子）不是诚实族。而子象的母亲是撒谎族，子象就不可能是撒谎族。因此，子象是不可靠族，父亲白兰帝是诚实族。

表二

		不	撒	撒	诚			撒	
		桃花	荷花	菊花	梅花	子虎	子豹	子狮	子象
	卫士忌	×	○	×	×	×	○	×	×
撒	伍加皮	○	×	×	×	○	×	×	×
	白兰帝	×	×	○	×	×	×	×	○
	邵兴	×	×	×	○	×	×	○	×
	子虎	○	×	×	×				
	子豹	×	○	×	×				
撒	子狮	×	×	×	○				
	子象	×	×	○	×				

60. 达儿、纳儿、阿儿是一四族，卡儿是撒谎族，萨儿是三五族。当天是14日、周四。

（1）我们先从卡儿的发言❷着手，如果卡儿的发言❷是实话的话，纳儿的三句话就一定都是谎话。所以，阿儿是一四族，今天是周二。亦即阿儿的发言全都是实话，卡儿是奇数日族（阿儿的发言❷），今天是14号（阿儿的发言❶）。所以，卡儿的发言全是谎话。但是，我们知道这样推论的结果，就和我们先前的假设（卡儿的发言❷是实话）互相产生矛盾，因此，我们的假设错误，卡儿的发言❷是谎话，纳儿不是撒谎族。

（2）其次，我们假设卡儿的发言❸是实话。也就是说，当天是奇数日，卡儿的三句发言都是实话。可是，在（1）之中，我们已经知道卡儿的发言❷是谎话。所以，卡儿的发言❸一定是谎话，卡儿不是奇数日族。而且，连卡儿的发言❶也应该是谎话（因为不可能在一句真话之后，接着两句谎话）。此外，既然卡儿的发言❸是谎话，阿儿的发言❷就绝对是谎话。

（3）因为卡儿的发言都是谎话，卡儿就一定不是一四族（一四族至少有一句实话）。也就是说，达儿的发言❶是实话。既然发言❶是实话，发言❸就一定是实话（无论他今天说实话或虚实交替）。因此，萨儿是三五族。

（4）既然萨儿是三五族，再假设萨儿的发言❶是谎话（因为三五族只在周三、周五说实话），而如果发言❶是谎话，发言❷、❸也一定是谎话（三五族在一天之中，不是全说真话，就是全说假话）。因此，纳儿、卡儿都不是三五族。此外，因为三五族的萨儿撒谎，我们就可以知道，今天不是周三或周五。当然，更不可能是周一（因为，萨儿的发言❶是谎话）。

（5）所以，达儿的发言❹是谎话。由发言❶、❸是实话[参考（3）]，发言❹是谎话的结论显示，达儿是话语虚实交替的一四族，也就是说，今天应该是周一或周四。但是，我们在（4）之中已经知道，今天不是周一。所以，今天是周四。

（6）今天是周四，纳儿的发言❶就是实话。同时，发言❸也应该是实话。

所以，阿儿和达儿同属于一四族。既然阿儿是一四族，纳儿的发言❷则为谎话。因此，纳儿是一四族（因为纳儿的话真假交替）。

（7）因为阿儿是一四族，而且他的发言❷是谎话[参考（2）]。所以，今天应该是14号。

（8）卡儿不是三五族（因为，萨儿的发言❸是谎话），也不是奇数日族（因为，卡儿的发言❸是谎话），又不可能是一四族（因为，他的三句发言都是谎话）。所以，他是无论何时都在说谎的撒谎族。

因此，正确的解答是：达儿、纳儿、阿儿是一四族，卡儿是撒谎族，萨儿是三五族。当天是14日、周四。

A 61. 王家的孩子跑最后一名。

张、王、李三户人家的小孩总共有九个，这九个小孩的总得分为：

1+2+3+4+5+6+7+8+9＝45分。

而且，既然每一家的总成绩完全相等，每一家的总分就应该都是15分。

现在，我们就在每一家15分的条件下，分配1—9分的成绩给三家的九名小朋友。符合这两个条件的组合只有：

❶ A（1、5、9），B（2、6、7），C（3、4、8）；

❷ A（1、6、8），B（2、4、9），C（3、5、7）。

但是，我们发现在❶的组合之中，有违背题意的地方。例如，C（3、4、8）中，有两兄弟连续抵达终点的情形。因此，我们判定唯有❷的组合，才能完全满足题意。此外，我们由题意之中可以得知，跑第二名的是王家的老幺。所以，跑最后一名的一定也是王家的孩子。

62. A先生在❶、❺、❽时的舞伴是d夫人，❷、❹、❼时的舞伴是b夫人，❸、❻、❾时的舞伴是c夫人。

既然九支舞曲的先后次序，都已十分清楚明了，就不难找出正确的答案。我们可在表一中，利用英文字母大写代表男士，小写代表女士，填入已知的资料。

你必须特别注意，在代表男士的A、B、C、D四行中，应该都会出现代表女性的小写字母（除了自己的太太之外）三次。

因此，我们立刻可以从表一中得知，B先生在跳❸、❻、❼这三支舞时，邀请d夫人为舞伴。

此外，因为这四位先生都没有和自己的太太共舞，所以直行中用小写字母代表的女性都会出现三次，而且每一横行中，都应该有a、b、c、d同时出现。接着，A先生和D先生第❶、❷、❻、❼、❽支舞的舞伴，也就能够一目了然。相信你只要根据上述原则来填表，就能够完成表二的内容。

表一

男士代称 舞蹈名称	A	B	C	D
1扭　扭		a	b	
2华尔兹		c	d	
3探　戈				
4扭　扭		a		c
5吉鲁巴		c		
6探　戈			a	
7扭　扭				c
8伦　巴		c	b	
9华尔兹		a		

现在请你看看表二的④横行。A先生和C先生的空格内，应该填入b和d。但是，如果我们在A先生的空格内填d，C先生的空格内填b，就会和①横行的组合相同。此点恰违题意（因为九次的组合中，不可能有重复、相同的情形），所以

A — ④的空格应填b，C — ④的空格应填d。

表二

舞蹈名称＼男士代称	A	B	C	D
1 扭 扭	d	a	b	c
2 华尔兹	b	c	d	a
3 探 戈		d		
4 扭 扭		a		c
5 吉鲁巴		c		
6 探 戈	c	d	a	b
7 扭 扭	b	d	a	c
8 伦 巴	d	c	b	a
9 华尔兹		a		

到此为止，❸、❺、❾的空格内，就能一并填满。因此，可知A先生在❶、❺、❽时的舞伴是d夫人，❷、❹、❼时的舞伴是b夫人，❸、❻、❾时的舞伴是c夫人。

63. ❶五只、❷桃园县、❸喜美、❹高原、❺汽水、❻中央日报、❼师大。

请注意，雪娇和月桂两个人各自有三个正确答案。但是，虽然她们各自有三个正确的答案，她们两个人对于任何一项答案，却完全不同。

换言之，在七个问题的六个答案中，她们两个人各错三个。而剩下的一个答案，则两个人都是错的。现在就请你根据这个线索，继续推理下去。

请先绘制出整理表，如下页表，由下页表可知，每一题目的答案各有四种不同解答。这些答案中，其余五人各答对两项。另外，雪娇和月桂的答案全错开，即表示其余五人答对的答案应和雪娇或月桂答对者之一相符。

先由已知丁老师不喝咖啡这点着手，可知雪娇、春枝、冬玉此题答错，则月桂此题可能答对或答错。假设此题月桂答对，则夏美、秋玲此题亦答对，花芳此题答错。再假设雪娇❶答对，则月桂❶答错，可推知夏美❶答对、秋玲、花芳、春枝、冬玉❶答错。则夏美已答对两题，代表其❷、❸、❹、❻、❼答错，则雪娇❶答错，秋玲、冬玉❷答错，月桂、花芳❻答错。

而秋玲❷、❹、❻、❼中一定还有一题答对，与雪娇、月桂的答案相对照，则可知应是❹答对，其余错误。则雪娇、冬玉❹答对，月桂、花芳、春枝❹答错，冬玉❼答错。

此时，❻剩下的答案都相同，代表此题雪娇、春枝、冬玉三人都答对；则雪娇已答对三题，其❸、❼两题应属答错；冬玉也已答对两题，其❷应属答错，又可推知花芳❷亦答错。则❷答对者为月桂、春枝。春枝已答对两题，则剩余的❸、❼两题应属答错；可知月桂❼答错，则月桂❸必为正确，同时可得知花芳❸、❼皆正确。

人名 问题序号	雪娇	月桂	花芳	春枝	夏美	秋玲	冬玉
1	五	三	三	四	五	三	四
2	北	桃	竹	桃	北	苗	竹
3	裕	美	美	福	丰	丰	丰
4	高	金	鹤	金	黄	高	高
5	咖	汽	可	咖	汽	汽	咖
6	央	合	合	央	合	中	央
7	台	政	师	政	成	东	东

64. 从林雪艳算起，顺时针的席次依序是王春吉、李花玉、林秋平、李夏祥、王月眉、李冬安。

这七个人中，已经有三个人的席位是确定的。现在，就让我们来查一查春吉和雪艳姓什么？既然没有同一家人坐在一起的情形，那么春吉就不会姓李。而林太太是寡妇，春吉也不是小孩，就可以证明春吉姓王。这样一来，雪艳不是李太太，更不是王太太，她应该是寡妇林太太。

夏祥不是小孩子，所以他是李先生。月眉不姓林也不姓李（她和夏祥不是同一家人），因此她是王太太。也就是说，秋平是林太太的儿子（他和月眉、夏祥分属于三个家庭）。

知道上述的这些情形之后，之后的推理只要你肯多尝试几次错误，就能找出正确的答案。

A 65. 丁小莉所得的五票是松青所投的三票、柏健所投的一票及杉雄所投的一票。

每个人各自拥有五张空白选票，而且限制投给同一位女孩的票数不可超过三张。因此，分配票数的方式只有下列四种：

❶ 3、2、0、0；

❷ 3、1、1、0；

❸ 2、2、1、0；

❹ 2、1、1、1。

显然，柏健的分配方式是❹。现在让我们来画一张一览表。

父亲＼女儿	丁小莉	张小华	王小英	林小美
丁杉雄				
张柏健	1	2	1	1
王松青			0	
林梅伟				3

杉雄投给张小华和王小英的票数是相同的，但是杉雄所投的票数绝非一人一票。因为，如果只有一人一票的话，王小英就一定要得到梅伟的三票不可（这样王小英才会得到五票）。

然而，我们已知梅伟不可能投三票给王小英（他已经投三票给自己的女儿林小美了）。所以，杉雄投给小华、小英的票数，应该各是二票。则林梅伟投了二票给王小英（这样王小英才会得到五票）。亦即梅伟的一行是① 0、0、2、3，杉雄的一行是③ 1、2、2、0，松青的一行是② 3、1、0、1。

所以，丁小莉所得到的五票，分别是松青所投的三票，柏健所投的一票，以及杉雄所投的一票。

66. 无标题

老板家人 / 老板	父　亲	儿　子	太太的娘家姓氏
铁先生	银　楼	米　行	车
车先生	米　行	银　楼	铁
米先生	铁工厂	自行车店	金
金先生	自行车店	铁工厂	米

由❶可知，开银楼的不是车老先生，而银楼老板儿子所开设的也不是自行车店。当然银楼也绝对不可能是金先生所开设的，所以姓氏和买卖的组合，只有下列两种情形。

A　米先生（父）——银　楼
　　米先生（子）——铁工厂

B　铁先生（父）——银　楼
　　铁先生（子）——米　行

假设A是正确的，我们将A的资料和资料❸互相配合，就会发现车太太的娘家应该姓金。但是这样继续推理的结果，金先生的儿子就会经营自行车店，和资料❷互相抵触。因此，A的假设错误。

就B的组合来讨论时，还可以发展成几项组合。去除其中不合条件的组合之后，可得唯一的正解。请加油吧！

A 67. 第一到第八的名次依序是F、B、D、E、G、A、H、C。唯一的实话是E所说的“我被F超过”。

要从16句发言中，找出一句实话，恐怕需要大费周章呢！因此，我们不妨换一个角度试试看。也就是说，我们先假设这16句话都是实话，再从其中找出唯一的谎话（事实上，这句话才是真正的实话）。这样，不就简单多了吗?

为了使我们能一目了然，我们不妨利用一些简略的符号来表示某些特定说明。例如：“×”代表“……不是……”，“=”代表“……是……”，“A>B”代表“A比B快”。因为假设所有话都是实话，所以，我们将这16句发言颠倒、简略之后，就形成下列的情形:

A：❶B×第一名。

❷G>A。

B：❸E>G。

❹D>H。

C：❺H>C。

❻F>D。

D：❼D×第二名。

❽C=第八名。

E：❾E>F。

❿B>E。

F：⓫A×冠军、亚军。

⓬E=第四名。

G：⓭没有拉锯战的情形。

⓮D>G。

H：⓯A>H。

⓰B>D。

当然，这16句话中，有一句并不符合实情。但是我们可以暂时搁置这个问题，先看看这16句发言能够形成怎样的组合。

读者试试看就知道，如果我们只重视X比Y快的情形，大致可以得到下列结果：B＞E＞F＞D＞G＞A＞H＞C。

可是这个结果和❶B×第一名、⓬E＝第四名的发言互相抵触，不符合只有一句谎话的假设，所以其中一定有错误的地方。

现在，我们重新想想⓬E＝第四名这点。假使E＝第四名的话，第四名到第八名的组合，应该是如下的情形：

E＞G＞A＞H＞C。

但这样就违反❾E＞F的发言，而且，也很难掌握B、D、F三个人的位置。

不过，如果我们假设❾E＞F是谎话，❶B×第一名是真话时，是不是就可以轻易地决定一至八的名次呢？

F＞B＞D＞E＞G＞A＞H＞C

至此，我们似乎已经得到此题的正解了。但是，为了慎重起见，我们不妨再重新确认一次，此题除了❾E＞F的发言是谎话以外，还有没有其他抵触的地方。

没有其他矛盾的地方了吧！因此，这16句发言中，唯一正确的是E所说的“我被F超过”。

68. 秋雄收到井书的200元礼物、西田的100元礼物和江陵的200元礼物。

相信读者在看到题目性质时，便能了解开启此题之钥仍在绘制图表。现在，我们就把已知的资料填入图表之中。

因为，每一个人所得到的礼物总金额是500元，所以，江陵的横行中空下来的两格应该都是0。其次，我们再来想想500元的用法共有几种。

应该有五种：①4 — 1，②3 — 2，③3 — 1 — 1，④2 — 2 — 1，⑤2 —

1—1—1。

江陵各送了一份礼物给其他四位同事。所以，他的买法应该是⑤。西田各送了100元的礼物给伟山、秋雄，因此，他的另一份300元的礼物一定是送给了井书（采用③的买法）。接下来的推理你应可迎刃而解，试试吧！

接受者＼赠送者	秋雄	井书	西田	江陵	伟山
秋雄	×		1		
井书		×			1
西田			×		
江陵	3	2		×	
伟山			1		×

69. A君念西班牙文，B君念法文，C君念俄文，D君念德文。

剩下的外文还有德、法、俄、西四种。我们先规定一下，假如A君读德文，B君读法文时，我们就将它写成A德+B法。

这样一来，由资料❸、❽可知，不可能有A德+B法的情形；由❹、❷、❾的资料可知，不可能有A德+B西的情形（因为，这样一来，C君就没什么好念了）。而且，由资料❶可知，A德+B俄的情形，绝对不能成立；由资料❽可知，A德+B意的情形，也无法成立。

因此，B的所有可能性都消去之后，A就不可能正在研究德文了。

那么，C德+D法时的情形如何呢？这时，应该形成A俄+B西，或A西+B俄的情形。但是，前者可由资料❷、后者可由资料❶得知无法成立。因此，C德+D法也绝对不可能。

此外，C德+D俄的情形可以成立吗？由资料❷得知，这时B所复习的是西班牙文，而A则是在阅读仅剩的法文。但是，读者可以马上发现，这样的推论遭到资料❶的否定。因此，C德+D俄的情形也就无法成立了。换言之，C正在研究的外文不可能是德文。

既然如此，念德文的一定是B或D其中一人。所以，资料❷D俄+B西的情形也自然被否定。

C法+D西遭到资料❼、❽的否定。

而C俄+D西呢？若A君念法文的话，由资料❶可知，B君所念的一定是俄文。但是，这种结论不符合C俄的假设，因此，D西的可能性亦无。

接下来，假设B德+C法，则A西+D俄遭到资料❷的否定。若D德+B法，则C俄+A西符合题意，即为本题正解。至于其他D德+A法等情形，读者不妨复查看看。

A 70. 历史4分，国文3分，英文1分，物理4分，数学4分。

五位学生按照成绩高低次序的排列如下：

林生、李生、周生、方生、丁生。

五科考试的五人总分是75分。其中，林生得12分，李生得14分。剩余的49分由周生、方生、丁生三人所共得。而在没有一个以上的学生总分相等的情况下，形成49分的机会只有15、16、18的一种分配方式。将此按照成绩高低（由分数少到分数多）分配时，周生得到15分，方生得到16分，丁生得到18分。

现在，我们就可以利用已知资料绘成下表。

学科 学生	历史	语文	英文	物理	数学	总分
林	1					12
李		1	3	3		14
周	3			1	2	15
方						16
丁			2		1	18

填入剩余的空格时，只要根据下列两项原则，就能轻而易举地填满，这两项原则是：（1）、各科横行一定有1~5的数字各一；（2）、横行累加之后一定形成最后面一列的各人总分。

接着请在方生的英文栏内填入1（因为每一个人各得过一次第一名）。丁生的历史、语文、物理栏内，各填入5（因为，假如不在这三科各得5分，就不可能有总分18分的情形出现）。

其次，我们来考虑一下周生的英文栏。这个空格内，不是4就是5。假如是4的话，周生的语文就应该是5（因为周生的总分是15），但由于我们已知丁生的语文是5。所以，这个假设是错误的。即周生的英文是5，则林生的英文是4。

其他的空格不需要笔者再唠唠叨叨了吧！

A 71. 凶手是阿铁，凶器是扁钻，行凶地点在堤防，时间是深夜24点，尸体处理方式是投河。

四名涉嫌的干部各说了两句实话，所以20项供词中，正确的供词应有8项。请先把这个原则记在脑海中，再来绘制图表并填入相关内容。

表中最下边一栏的数字，是假定正确答案最多时的数量。换句话说，凶手、时间两栏里的供词各不相同，因此其中正确的供词只有一个。而凶器、地点、处理三栏内的供词有重复之处，所以正确的供词可能有两个。例如，以凶器栏而言，凶器不是手枪，就是扁钻。因此，无论凶器是什么，都有两个人说了正确的供词。同样的，若以行凶的地点而言，如果地点是铁桥或自宅时，就只有一个人的供词是实话。但如果地点是堤防时，就有两个人的供词是实话，所以考虑正确供词的最多情况，就只有两个。

嫌犯 \ 供词	凶器	地点	时间	处理	凶手
铁	手枪	堤防	22 点	投河	阿秀
秀	扁钻	铁桥	21 点	投河	阿政
政	扁钻	堤防	23 点	埋葬	阿龙
龙	手枪	自宅	24 点	装箱	阿铁
实话	2	2	1	2	1

把最下一栏的数字加总起来一共是8，正好吻合四个人各说两句真实供词的总数（八句）。因此，就凶器、行凶地点、尸体处理方法而言，一定同时出现了两个相同正确的供词。

亦即阿铁所说的五句供词中，只有行凶地点（堤防）、尸体处理（投河）两项是实话，其他有关凶器、时间、凶手三项都是谎话。下面的推理就简单多了，只要读者先将已知的谎话逐项去除，最后就能查明真实的供词。

A 72. 第二个箱子内的球还有五颗。

第一个过程非常简单，因为我们无法否认头四颗球都是同色球的可能性，所以再多拿一颗球便可符合所需条件。也就是说，从第一个箱子内取出五颗球放入第二个箱子内即可，这是满足第一个条件所需要的最少球数。

将这五颗球放入第二个箱子内之后，第一、二个箱子内的各色球之分配情形，可能有下列四种组合：

	第一个箱子	第二个箱子
	黑、红、白	黑、红、白
①	0、3、4	8、5、4
②	1、2、4	7、6、4
③	1、3、3	7、5、5
④	2、2、3	6、6、5

所以，无论拿出的结果是这四种中的哪一种，要从第二个箱子内拿出，再放入第一个箱子内的最少需要球数都是12颗。譬如，以①的情形而言，可能前九颗球全是红球和白球，所以，还要再拿三颗球，才能符合“至少包括三种颜色的球各三颗”。至于②、③、④的情形，何以需要拿出12颗球，就请读者自己考虑看看。总之，无论在何种情况之下，只要移动12颗球，就能满足第二个条件。所以，第二个箱子里还剩下五颗球。

A 73. 阿雄在火车站碰到秋芸，宇观在咖啡店遇见月秀，木毅在餐厅见到夏瑶。

我们根据题目本身的资料重新整理“谁在什么地方碰到了谁”。括弧内是真正恋人的名字，和原本想去那个地方的女性名字，如下所示：

济田（春丽）→电影院（夏瑶）→雪琼（阿雄）；

敬岛（花芳）→百货公司（春丽）→冬美（江汉）；

江汉（冬美）→公园（花芳）→春丽（济田）；

志川（月秀）→夜店（冬美）→花芳（敬岛）。

现在，还不知道情况的只有下列三组：

男性——阿雄、宇观、木毅；

地点——火车站、餐厅、咖啡店；

女性——秋芸、夏瑶、月秀

接下来，我们只要把男女双方被骗去的地点连接起来，就可了解情况了。

需特别注意火车站门口是月秀原本想去的地方，而咖啡店是秋芸原本想去的地方。所以，她们两个人不会去她们原本想去的地方。

而且，宇观的女友是夏瑶，木毅的女友是秋芸。所以，这两对情侣也没有见面的可能性。

因此，正解是：

阿雄（雪琼）→火车站（月秀）→秋芸（木毅）；

宇观（夏瑶）→咖啡店（秋芸）→月秀（志川）；

木毅（秋芸）→餐厅（雪琼）→夏瑶（宇观）。

A 74. 皮鞋。

将已知的资料整理过后，可以画出表一。然后，我们接下来所应该做的事就是透过推理的过程填满其余的空格。这时，推理的最好依据和线索，就是在横向、竖向的任何一行中，都要填上六种不同的礼物。

先想想西服店老板送给面包店老板的礼物，和皮鞋店老板送给烟酒店老板的礼物是一样的。那么，这件礼物究竟是什么呢？从前提的条件可知，绝非西装，亦非糖果，更不是皮鞋或酒，而且，西服店老板已经把文具送给了别人，皮鞋店老板已经把书送给了别人，因此不会是文具，也不会是书，所以这项礼物一定是水果。现在，我们立刻把这项结论写入A格内。

表一

接受者 赠送者	西服店	烟酒店	水果行	面包店	文具行	书　店	皮鞋店
西服店	×			A			文
烟酒店		×		文			书
水果行	酒		×				C
面包店		文		×			D
文具行			西		×		糖
书　店	糖			酒		×	E
皮鞋店	B	A	书				×

在下一个阶段里，我们可以根据同行中不可有同样礼物出现两次以上的推理前提知道，表一中的B格应该是文具；C格应该是西装；D格应该是酒；E格应该是水果。

可是，再下面的推理就有些麻烦了！我们应该先查明书店老板和皮鞋店老板所赠送的六种礼物究竟各是什么。当然，我们不妨在有两种可能性的空格内，采用试行错误的方法（例如，书店老板送给烟酒店老板之礼物，或文具店老板送给烟酒店老板之礼物的空格内）。或许，这会花费读者一番心思，不过，有志者事竟成，请读者耐心推理下去，一定能够填满表二。

由表二可知，西服店老板送给书店老板的礼物应该是皮鞋。

表二

赠送者＼接受者	西服店	烟酒店	水果行	面包店	文具行	书　店	皮鞋店
西服店	×	书	酒	水	糖	鞋	文
烟酒店	鞋	×	糖	文	水	西	书
水果行	酒	糖	×	鞋	书	文	西
面包店	书	文	鞋	×	西	水	酒
文具行	水	鞋	西	书	×	酒	糖
书　店	糖	西	文	酒	鞋	×	水
皮鞋店	文	水	书	西	酒	糖	×

75. 金匡。

首先最重要的是将每个人所喜欢，或可能喜欢的作家做成一览表（见表一）。不需要写出作家的全名，只要用古、金、倪、东、独来代表即可。至于太太们则以古太、金太、倪太……来代表即可。第Ⅰ栏内是每一对夫妻的简称，第Ⅱ栏内则是他们十个人所喜欢（或可能喜欢）的作家简称。

填表之时，倪、东、独太、古太及金太所喜欢的作家，都可由前述❶、❷、❸、❹、❺等资料中查知。将这些作家的姓氏填入后，再利用“没有一对夫妇彼此共同喜欢同一位作家”、“没有一位丈夫或妻子喜欢和自己同姓的作家”、“五位男士之间、五位女士之间，所喜爱的作家也各不相同”等资料来推理，就能推出第Ⅱ栏之正确解答的可能性。

现在，我们开始进入真正推理的阶段。首先，我们来把麻烦透顶的资料⑥整理一遍，使之单纯明朗化吧!

“倪太喜欢的作家是X，X太喜欢的作家是Y，Y太喜欢的作家则是倪龙。”

如此一来，按例利用X、Y两个字母代表未知之人来简化资料之后，再从Y开始着手推理。

Y太喜欢的是倪龙，所以Y太不是倪太；而且由资料③可知，Y太也不是独太，当然更不是丈夫喜欢倪龙作品的东太。

因此，Y的可能性只有金、古。

假设Y是金，以表一来推理时，X就应该是东方。

因为倪太所喜欢的作家是X，所以X不可能是倪。X太喜欢的作家是金匡，因此X也不可能是金。然后，再看看表一，发现独太并不喜欢金匡，喜欢X的倪太不可能喜欢丈夫所喜欢的作家古红，所以，X不可能是独，也不可能是古。

至此，表一的第Ⅱ栏中，可除去的作家相当多，但是你将会发现结果古太和金太都喜欢倪龙，因此Y是金的假设不合题意。

于是，我们再重新假设Y是古，那么，X不是东就是独或金。

如果Y是古，X是东，独太就没有所喜欢的作家了。

如果Y是古，X是独，则金太也没有所喜欢的作家。

不过，如果Y是古，X是金，就能够完成满足所有资料的表二：

表一

Ⅰ	Ⅱ
古	金、东、独
古太	金、倪、东
金	东、独
金太	古、倪、独
倪	古
倪太	金、东、独
东	倪
东太	古、金、独
独	金、东
独太	古、东

表二

Ⅰ	Ⅱ
古	
古太	倪
金	
金太	古
倪	古
倪太	金
东	倪
东太	独
独	金
独太	东

表中，古和金所喜欢的作家栏内，难以做一个明确的决定。但是，我们已经可以回答谜题所要求的“独孤先生所喜欢的作家”，是金匡。

76. 李文玉

谜题里面出现的人物太多了，因此不适合采用“如果林小美的发言是谎话……”的假定方式。现在，我们最好一个个按照题目的次序，假定她们就是去约会的女子，再来查明假设若是正确时，有几个女生撒了谎。

在人数这么众多且复杂的情况下，我们最好按例画一张图表来协助推理的过程。假定第一位林小美就是跑去约会的女生，我们就把11名女生的回答检查一遍，发现谁撒谎，就在她回答的横行格子内画×，下面的附表就是如此形成的。只要我们在最后一行的撒谎者总数内统计一下每次共有几人撒谎，就能查知只有李文玉去约会时，才有七位以上的女生撒谎，所以跑到公园内和男生约会的是李文玉。

附表

约会者 / 回答者	林小美	丁秀莉	朱淑香	王芳华	李芷玲	李文玉	李雨苹	田小美	黄小美	周秋燕	许少梅
林小美	×	×	×	×	×	×	×		×	×	×
丁秀莉	×		×	×	×	×	×	×	×	×	×
朱淑香		×									
王芳华		×						×			
李芷玲	×	×		×	×	×	×	×	×	×	×
李文玉			×			×					
李雨苹					×	×	×				
田小美	×	×			×	×	×	×	×	×	×
黄小美			×	×				×			
周秋燕	×	×	×	×		×		×	×	×	×
许少梅					×	×	×				
撒谎者总数	5	6	5	5	6	8	6	6	5	5	5

77. 狗冬祥的主人是春平。

冬祥	秋吉	夏安	春平	
秋吉				狗
			冬祥	猫

因为“和春平的猫同名之少年所养的狗就叫做秋吉”，所以，这个人绝不是秋吉，亦即春平的猫也绝不是秋吉。如此一来，春平的猫不叫夏安就叫冬祥。现在，我们姑且先假设春平的猫就叫冬祥，依此而推理下去。

如果春平的猫叫冬祥，冬祥的狗就叫秋吉，夏安的狗就叫春平或冬祥二者其中之一。现在，我们先假设夏安的狗叫春平。由于“和夏安之狗同名的少年（春平）所养的猫（冬祥）和饲养名为秋吉之猫的少年同名”，冬祥所养的狗和猫就无可避免地都叫秋吉。这一点违反了同一个人所养的猫、狗不能同名的原则。

其次，如果我们假设夏安所养的狗叫冬祥，那么冬祥所养的猫就叫春平，而春平所养的猫则叫秋吉。这样一来，我们先前所假设的大前提“如果春平的猫叫冬祥”就是错误的。

因此，我们就应该假设春平的猫叫夏安。

在这个假设下，秋吉的猫就叫春平或冬祥二者其中之一。我们先假设秋吉的猫叫春平，则春平的猫应叫秋吉，但此与 “春平的猫叫夏安”之前提不符。故可知秋吉的猫应叫冬祥，推理至此可整理成下表。

只要把这张表的空格补足，便可发觉除了春平外，再也没有一个人能够在不违背题意的条件下，养一条叫做冬祥的狗。当然，我们没有办法在已知条件之下了解究竟是谁饲养名叫春平和夏安的狗。但是，我们毕竟已经求得谜题所要求的正解了。

冬祥	秋吉	夏安	春平	
		秋吉		狗
秋吉	冬祥		夏安	猫

78. A在3的位置。

先从Q的张数和位置来考虑，马上就能够从资料❶、❷中得知，哪些牌不可能是Q。换言之，无论上、下或左、右都没有被别的牌夹住的牌，如1、2、5、7、8，都绝不是Q。

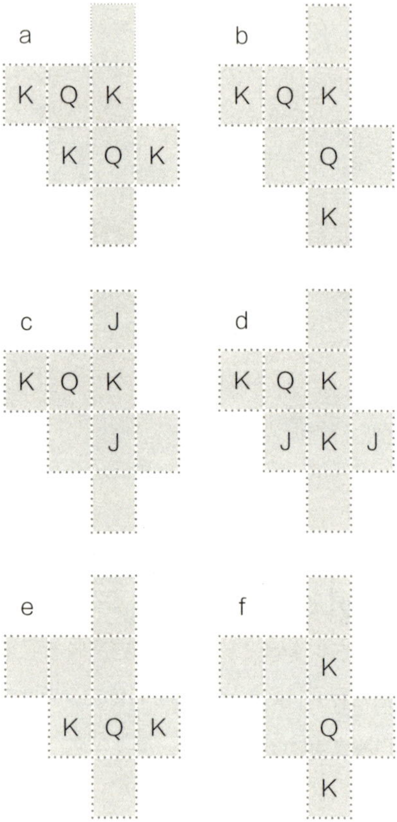

既然如此，有关Q的可能性就只有下列四种。

（1）3、6都是Q。

（2）只有3是Q。

（3）只有6是Q。

（4）只有4是Q。

我们先由（1）开始检讨。如果3、6都是Q就有下列两种可能性，因为无论如何Q的左右或上下都一定要是K（参考附图a、b）。

可是，资料❸指定“至少有一张夹在两张J中间的K”，所以，这两种可能性都要打消，因为在a、b的图形下，没有J的位置。

因此，我们可转移目标至假设（2）。如果只有3是Q，就可以联想到下列两种排法，但我们将会发现这两种排法都不可取（参考附图c、d）。

因为在c图中，虽然有被两张J夹住的K，但是却无法安排出相邻的两张K（违反资料❼）；在d图中，虽然可以满足条件，但是Q、J却相邻（违反资料

❹），所以，假设（2）也发生错误。

其次，我们再来看看假设（3），也就是只有6是Q的情况。这时，也有下列两种可能性，一种是有两张K左右夹住Q的情形，一种是两张K上下夹住Q的情形（参考附图e、f）。

但是，e图的情形无法满足资料❸的条件，因为在这里不可能有两张J夹住一张K的情形发生。f图也同样不可能有两张J夹住一张K的情形。

现在，所剩的可能性只有（4）了。只要题目没有错误，（4）的假设就应该是正确无疑的。但是，我们还是需要查证一番，看看是否能够顺利地满足题目之中的所有条件，且无相互矛盾的情形。

（4）的假设是只有4是唯一的Q。既然如此，由资料❷“Q夹在两张K的中间”可知，1、6必定是K。其次再由资料❸“至少有一张夹在两张J中间的K”可知，5、7必定是J（参考附图g）。

在g图中，如果2、3都是资料❼所要求的K，那么8就一定是A，因为资料❺明示只有一张A。

可是，读者可以发现资料❻“K和A不相邻”的说法完全否定了这种排列（6是K，8是A）。这个否定表示2和3同为K的假设不成立。

如此一来，相信读者定能了解，除了8和6都是K之外，再也没有其他两张K能够满足资料❼的情形了。

现在所剩下来的问题就是仍为空格的2和3了。如果2是A，3就不是Q（没有不被两张K所夹住的Q）、不是K（由资料❻得知），也不是J（由资料❹得知），当然更不是A（由资料❺得知）。

换句话说，在上述情况下没有一张适当的牌可放在3的位置，所以2绝不是A。

因此，3才是只有一张的A，而2就一定是J（因为资料❷、❺、❻否定了2是Q、A、K的可能性）。

现在，我们总算找到答案了，唯一的一张A在3的位置上。

79. 约翰说意大利语、德语；彼得说意大利语、法语。威廉说意大利语、英语；约可夫说德语、英语。

我们不妨先把已知的资料加以整理（如附表）。

因为约翰、彼得、威廉三个人可用一种共同语言交谈，我们就暂时以X来代表。另外，约可夫可以和威廉自由交谈，我们就把他们二人的共同语言当做Y，约翰和约可夫也可以用彼得一窍不通的语言互相沟通（因为约翰可以充当彼得和约可夫的翻译），我们就把它当做Z。这样一来，自然不难判断Z就是德语。

附表

约翰	X	Z
彼得	X	
威廉	X	Y
约可夫	Z	Y

Z是德语，Y就不可能是德语，也不可能是法语（因为题目规定没有一个人能够同时流利地使用这两种语言）。

再者，由于约翰不会说英语，所以X既不是德语，也不是法语，更不是英语。也就是说，X是意大利语。接下去的步骤就如探囊取物般地容易推论了，试试吧！

80. 鬣狗三头。

四种猎物的分数，大致不会超过下述的范围——

狮子：4分或超过4分。

老虎：3分或超过3分（此时，狮子的分数一定超过4分）。

豹：2分或超过2分（此时，老虎的分数会超过3分）。

鬣狗：1分或超过1分（此时，豹的分数会超过2分）。

现在，我们首先针对鬣狗女士的得分加以考虑。这位女士的得分在四人之中敬陪末座，而且和狮将军的分数加起来正好是9分（因为四个人的总得分是18分，而其中各两人的得分和相等）。当然，我们也可以立刻得知，另外一组的总分和也是9分。

既然鬣狗女士和狮将军的得分和是9分，则两人的得分分配组合，不是7分与2分，就是6分与3分（因为，鬣狗女士所捕获的动物头数比任何人都多，所以她的得分不可能在2分以下）。

从另一个角度来说，既然鬣狗女士所捕获的动物头数最多，则其至少也要取得3分以上。因为若是鬣狗女士仅得2分之时，猎物头数较女士为少的三名男士，就只能各猎一头了。然这三头之中，需同时包括一头狮子和三头豹，所以这样的假设会与题意造成矛盾。因此，女士的得分至少在3分和3分以上。

此外，9分的分配情形还包括另一种4分加5分。但是，这应该是虎男爵和豹博士的得分分配方式才对。因为女士的得分在四人之中敬陪末座，也就是说没有一个人的总分和鬣狗女士的得分相等，所以我们可确定鬣狗女士的得分一定是3分，而且她所捕获的猎物是仅能得到1分的鬣狗三头。

接着，我们只要再想出其他三位男士如何分配其余的15分就可以了。不过，在我们分配这三名男士的得分之前，最好将下列的条件牢记在脑海中：

❶ 没有一位男士猎获超过两头的动物；

❷ 15分的分配情形是6、5、4，其中6分是狮将军的得分；

❸ 猎物之中有三头豹，这一个部分的得分至少有6分。

狮将军的猎物最多也只是两头6分，由于他并没有猎获分数最高的狮子，因此，如果以狮子4分、老虎3分、豹2分的各种动物最低估计分数来套入的话，狮将军就是捕获了两头老虎而得6分。

但是，这种结论并不对，因为无论捕获狮子的豹博士其得分是4分或5分，豹博士的猎物之中，都无法再容纳一只豹，这时候就需要虎男爵捕获三头豹才能满足已知条件。但无论从得分或猎物头数的任何一种角度而言，都不可能有这种情形产生。

由此可知，一头狮子的分数不是4分而是5分，也就是说，豹博士所捕获的仅是那么一头狮子而已，他的得分是5分（当然，虎男爵的得分自然相对就是4分了）。

然后，我们再来考虑狮将军的得分情形：他的得分里面，至少要包括一头豹。因此，这6分的分配情形，不是每头3分的豹两头，就是每头2分的豹一头和每头4分的老虎一头。

不过，我们早就知道虎男爵的得分是4分，因此如果每一头豹的得分是3分，狮将军捕获两头而得6分，虎男爵就至少要捕获老虎一头（每头至少4分）、豹一头（3分），这样的结果就超过了虎男爵的应得分数4分。

因此可知，狮将军捕获的猎物是每头4分的老虎一头，每头2分的豹一头。

总之，被和自己同名的狩猎者捕获的动物是鬣狗女士抓到的三头鬣狗。

A 81. 黑桃。

既然总牌数是13张（资料❶），每一种花色的牌至少有一张（资料❷），每一种牌的张数各不相同（资料❸），那么，这13张牌的分配情形只有下列三种：

（1）1、2、3、7；

（2）1、2、4、6；

（3）1、3、4、5。

由资料❻可知，这个人的手中拥有2张王牌；所以，（3）不符合题意。

由资料❺可知，红心和黑桃两种牌数合计是6。但是，（1）中没有任何的两数之和为6，所以，（1）的分配方式也不能成立。

亦即此人手中四种牌的分配情形应该是（2）1、2、4、6。

其中，两数之和为6的是2和4，因此，此人手中不是有2张红心、4张黑桃，就是有4张红心、2张黑桃。

但是，由资料❹可知，红心和方块合计是5张，所以，一定要红心1张、方块4张或方块1张、红心4张才能够满足资料❹。

综合上述两项推论可知，红心共有4张，黑桃则有2张。

因为王牌只有2张，可见黑桃就是王牌。

附带一提，红心共4张，黑桃共2张，方块只有1张，而梅花则有6张。

A 82. B、A、C、D、E、F。

我们先将D的每回合测验名次和资料的一部分制表进行推理，然后依序在表一中的纵横各行里，填入A到F六个人的名字各一次即可。

（1）B、E、F三个人获得第一名的三回合测验是相连的，应该填入1行的哪些格子里呢？

其可能性有一二三、二三四、三四五这三种。可是，只要仔细一想便知一二三是行不通的，因为如果是一二三，第四、五回合的第一名就是A和C，而我们参照表一末栏的资料便知A和C不可能是第一名。

现在，所剩的两种可能性中，我们先假设三四五是正确的。

表一

回合＼名次	1	2	3	4	5	6	资料
一						D	C > A
二					D		A > C
三				D			A > C
四			D				C > A, D > C
五		D					A > C, D > C
六	D						A > C, D > C, E > B

（2）在此情形下，第一、二回合的第一名应该是A和C，另外资料上显示

第一回合时A输给C，所以A不可能在第一回合得第一，亦即一与1交叉的格子内是C，二与1交叉的格子内是A。

（3）在六回合中，B的分数高过A的情形有五次，所以A赢B的回合只有A自己得到第一名的第二回合。现在，我们就可以继续在其他五回合的资料栏内，填入B赢A的符号为B＞A。

（4）由有关资料得知，A得到第二名的是第三回合，得到第三名的是第一回合，即B得到第二名的是第一回合。

（5）接着，我们再把焦点集中在B和F的关系上，因为，B赢F的机会只有两次，也就是B得第二名的第一回合和B得第一名的第三回合，所以我们就可在这两回合之外的其他四回合的资料栏内填入F＞B。而且，也可以同时确认连在B之后的两次第一名，分别是E、F。

（6）现在，第一名的格子内都已经完全填满，要接着填的是第二名的格子。我们不难发现，在这里只有F和E，可用来填入六与2交叉的格子内，而有关第四回合的资料显示，C、A、B的成绩都比D低，B也比F低，所以四与2交叉的格子内，只能填入F；六与二交叉的格子内应该填入E；唯一仅存的二与2的交叉格子内空格就该填入C。

（7）然后，我们就可以根据资料分别填入F、B、A、C于第六回合的横行中。

至此，我们就可以利用表二来观察推理的结果，并且，更进一步地找出正确的解答——第三回合的测验名次分别是B、A、C、D、E、F。

表二

名次 回合	1	2	3	4	5	6	资料
一	C	B	A			D	C > A, B > A, B > F
二	A	C			D		A > C, F > B
三	B	A		D			A > C, B > A, B > F
四	E	F	D				C > A, B > A, F > B, D > C
五	F	D					A > C, B > A, F > B, D > C
六	D	E	F	B	A	C	A > C, B > A, F > B, D > C

当然，我们在确定这个答案之前，最好还能否定另一种B、E、F套入二、三、四回合第一名的假设。不过，这个工作就交给读者自行去解决好了。

83. 下毒者是张简。

为了便于推理，每人的发言都排上号码，我们就根据三位关系人和一名警员所说的八句发言来进行推理。如果❻是谎话，张简就不是下毒者。

因为假使❻是谎话，他们之中的撒谎者就只有一个人，但这一个人并不是下毒的人。另外，我们也可以解释为撒谎的不止一个人，不过这就和❼相矛盾。

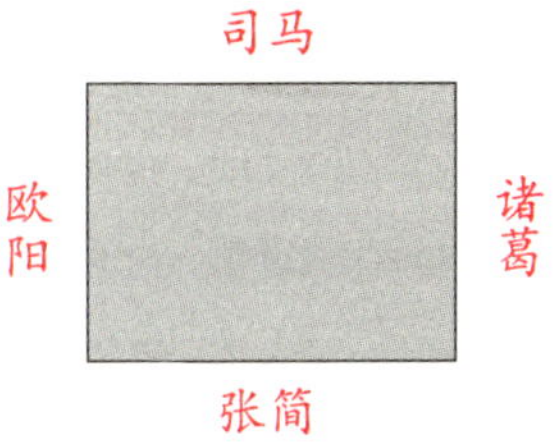

所以，如果❻是谎话，张简就不可能是下毒者，那么从❶到❹的发言就都是实话，亦即这四个人的座位恰如右上附图。

另外，由❷和❹来推理，也可以知道欧阳和司马都不是下毒者。

这就麻烦了，张简不是下毒者，欧阳和司马也不是下毒者；那么，还有谁可能是下毒者呢?

由❽可知，不可能有其他下毒者，所以可见我们的假设“❻是谎话”是错误的。

既然如此，❻就是实话。不过，我们仍不可轻易断言张简所说的另一句话❺也是实话。

然后，我们再重新考虑一次❶到❻的发言。

❶和❺互相矛盾。因为如果张简和诸葛相对而坐，司马和欧阳就应相对而坐，所以司马不可能和欧阳相邻而坐。由此可知，❶和❺两句发言中一定有一句是谎话。

笔者再强调一次，虽然我们已经证实❻是实话，却不能消除张简的嫌疑，因为题目只说有一个人撒谎，并没有说他所说的两句话都为谎话。

既然❶和❺之中有一句是谎话，我们就可以通过❻和❼得知下毒者不是司马就是张简，而且❸和❹一定是实话。

由❸和❹可以推断，四个人的坐法有Ⅰ、Ⅱ、Ⅲ三种组合的可能（如下面图）。

如果坐法如Ⅰ，因为❹是实话，司马就不是下毒者，而且由❻、❼推论可知，司马也没有说过谎。但是，如果坐位如Ⅰ时，❶就不是实话（司马撒谎），两者互相矛盾，所以这种坐法的假设是错误的。

如果坐法如Ⅱ，因为❹是实话，张简就不是下毒者，而且由❻、❼推论可知，张简并没有撒过一句谎，不过由于❺的发言和Ⅱ的坐法互相矛盾，所以Ⅱ的坐法也是错误的假设。

如果坐法如Ⅲ，这当然是仅存的可能性了，所以只要不发生矛盾，这便是正解。因为❹是实话，司马就不是下毒者，也就是说下毒者是张简。

现在，让我们来查验一下，Ⅲ的坐法会不会和其他条件互相矛盾。

由❻、❼研究可知，司马所说的两句话都是实话，❶是实话时，恰巧吻合Ⅲ的坐法，❷是实话时，恰巧确认欧阳不是下毒者。

因此❺是谎话。❺是谎话时，和Ⅲ的坐法不产生任何矛盾。

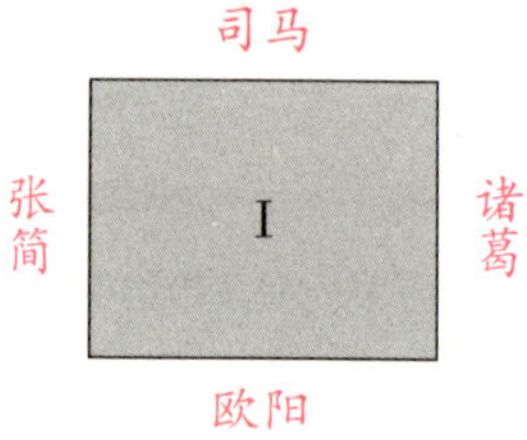

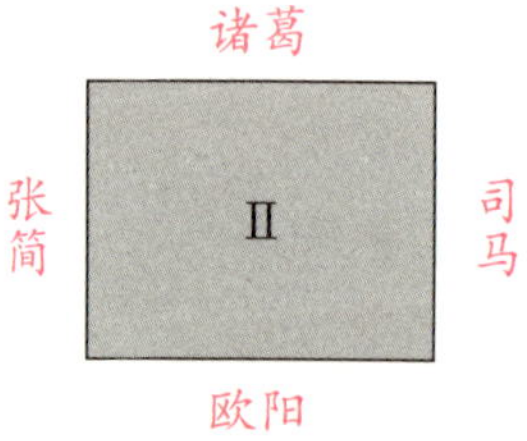

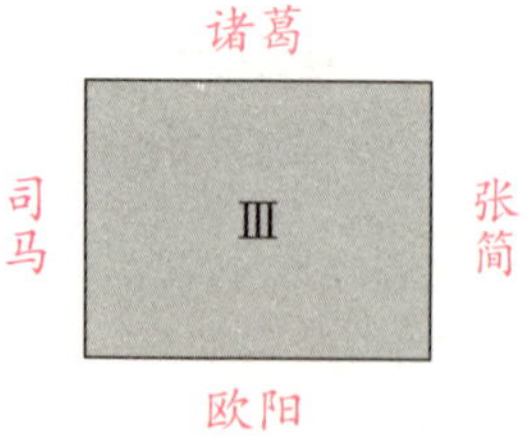

84. 智源—麻将俱乐部—警察；传文—围棋俱乐部—小说家；明峰—桥牌俱乐部—教师；德凯—象棋俱乐部—漫画家；忠民—国际象棋俱乐部—公务员。

以第五章的程度而言，这题或许过于简单了些。因此，笔者相信你一定能马上把资料整理成图表，去除不可能的组合来解决这个问题。

（1）仅根据已知资料，利用符号“×”来去除表中不可能的组合——智源不是国际象棋俱乐部的代表，也不是小说家；传文不是麻将俱乐部的代表，也不是警察；德凯不是麻将俱乐部的会员，也不是小说家。

（2）然后，研究明峰的发言得知，明峰自己不是麻将俱乐部的代表，也不是小说家（参考表一）。

表一

	教师	警察	漫画家	小说家	公务员	围棋	国际象棋	桥牌	麻将	象棋
智源				×			×			
传文		×							×	
明峰				×					×	
德凯				×					×	
忠民										
公务员										
小说家										
漫画家										
警察										
教师										

把这些已知资料填入表一中，再看看表一便可知如果小说家是麻将俱乐部的代表，能够同时满足这两个条件的人就是忠民。所以，换句话来表示明峰的发言，就等于明峰是说：“如果忠民是麻将俱乐部的代表也是小说家，智源就是国际象棋俱乐部或围棋俱乐部的代表。”

同时，在这种情况下，明峰自己必须是桥牌俱乐部的代表，才能了解上述所表示的情形，要不然他就无法排除智源是桥牌俱乐部代表的可能性。

明峰又说，如果忠民是麻将俱乐部的代表，同时也是小说家，那传文就是公务员或漫画家。当然，明峰有这种认识，一定表示明峰自己是个教师；换言之，明峰是桥牌俱乐部的代表，也是教师。让我们立刻将这些推理结果填入表中。

（3）忠民说德凯是国际象棋或围棋俱乐部的代表。如果忠民不知道德凯不是国际象棋俱乐部的代表，忠民就无法肯定说出这句话，所以说忠民本身就一定是国际象棋俱乐部的代表，才能肯定德凯不是国际象棋俱乐部的代表。

忠民又说德凯的职业不是警察就是漫画家，这也表示忠民肯定德凯绝对不是公务员，所以忠民本身就是公务员。换句话说，国际象棋俱乐部的代表是公务员。

（4）根据最后附带的资料可知，漫画家不是麻将俱乐部的代表，小说家不是象棋俱乐部的代表。把这些再填入表中。

表二

	教师	警察	漫画家	小说家	公务员	围棋	国际象棋	桥牌	麻将	象棋
智源	×			×	×	×	×	×		
传文	×	×			×		×	×	×	
明峰	○	×	×	×	×	×	×	○	×	×
德凯	×			×	×		×	×	×	
忠民	×	×	×	×	○	×	○	×	×	×
公务员						×	○	×	×	×
小说家								×		×
漫画家								×	×	
警察								×		
教师						×	×	○	×	×

（5）去除不可能的组合之后，可以判断智源是麻将俱乐部的代表，传文是小说家。

（6）传文是小说家，小说家不是象棋俱乐部的代表，所以，传文一定是围棋俱乐部的代表。

（7）将以上的资料代入表二中，即可得知麻将俱乐部的代表智源是警察，象棋俱乐部的代表是德凯，而德凯是漫画家。

85. 百合是凶手。

因为每一句证词都以自己之外的女人为话题，所以没有犯任何罪的女人不可能说三句证词（如果三句证词都是她说的，就最少有一句证词是以她自己为话题，此点违反A的事实）。

亦即无辜的女人可能说一句或两句证词（由B得知）。

假定她的证词只有一句，那么三句证词中就只有一句是实话（由C判知）。

但是，我们知道这个假定无法成立，因为三句证词中，如果有任何两句是假话，则连另一句也成假话。下面就让我们来证明此点：

（1）如果❶、❷是假话，玫瑰就是凶手，百合就是共犯，蔷薇则是无辜者。所以，主张蔷薇是无辜的❸也成假话。

（2）如果❶、❸是假话，也同理使得❷成假话。

（3）❷、❸是假话，也同理使得❶成假话。

只要做如上的推理，便不难得知无辜的女人所说的证词共有两句。

因此，让我们朝这个方向继续推理。

（4）如果❷、❸是实话，发言者就是没有在这两句话中出现名字的玫瑰。换言之，玫瑰就是无辜者。但是，这样的推论使❶成了实话，所以假设错误。

（5）如果❶、❸是实话，发言者便是百合，亦即百合是无辜者。但是，此点使②的发言变成实话，所以，与假设矛盾而不可取。

（6）最后，如果❶、❷是实话，发言者就是蔷薇。这时，❸的证词是假话的事实，并不和蔷薇是无辜的假设互相矛盾，所以，我们可知正解如下：

❸ 的证词是谎话，蔷薇是无辜者；

❶ 的证词是实话，玫瑰是共犯；

❷ 的证词是实话，百合是真凶。

86. 丁先生在午饭前所载的女性是朱太太和林小姐，午饭后所载的是田太太和朱小姐，午茶后所载的是林太太和田小姐。

我们先以田1代表田先生，田2代表田夫人，田3代表田小姐，其他三家依此类推。

午茶时间过后，林3所坐的不是田1就是朱1所划的小船。

如果那时林3所乘的是田1的船，同坐一船的太太不是朱2就是丁2。因此，午饭后的时间内，田1所戴的不是朱2和丁3，就是丁2和朱3。

现在，我们就把所有的可能性列成下表：①代表午饭前，②代表午饭后，③代表午茶后。当然，除了田1外，我们还不能确定同船的夫人（亦即2）各是谁?

第一种可能性：

先生 / 时间	田1	林1	丁1	朱1
①	林2—朱3	丁3	林3	田3
②	朱2—丁3	田3	朱3	林3
③	丁2—林3	朱3	田3	丁3

第二种可能性：

先生 / 时间	田1	林1	丁1	朱1
①	林2—丁3	朱3	田3	林3
②	丁2—朱3	田3	朱3	丁3
③	朱2—林3	丁3	朱3	田3

在第一种可能性中，朱2和丁3在②时同船，因此，朱2在①时，应该和林3同船（因为她不可能和自己的丈夫朱1同船）；在③时，应该和田3同船。不过这样一来，朱2就会乘丁1的船两次，所以假设不合条件。

同理，在第二种可能性中，午茶过后，林3搭乘田1所划船的可能性也是不需要考虑的。

因此，消去这两种可能性之后，我们重新假定林3所搭乘的船是朱1所划的——

这时，在朱1所划的船上乘坐的姑娘，在午饭前是田3，午饭后是丁3（因为，文中有午饭后，田3坐林1之船的条件，所以除此之外的组合都要排除）。

和田3同乘朱1所划之船的太太应该是林2和丁2。但是，我们已知林2在午餐前搭乘了田1的船；所以，坐朱1所划之船的女性分别是①丁2和田3、②林2和丁3、③田2和林3。

在此，若以丁2为中心来想一想，丁2和田3的组合早已成立（①的朱1），所以，丁2不可能在午餐后搭乘田3所坐的林1之船，也就是说，她在午餐之后所坐的是田1之船，午茶之后所坐的是林1之船。

接下来的推理就简易多了，相信读者一定能够不费吹灰之力地将下表一口气完成。

时间＼先生	田1	林1	丁1	朱1
①	林2—朱3	田2—丁3	朱2—林3	丁2—田3
②	丁2—林3	朱2—田3	田2—朱3	林2—丁3
③	朱2—丁3	丁2—朱3	林2—田3	田2—林3

87. 第四位男士的瓮外标签是“红3”，内容物是“黑1—红2”。

这题的推理虽然有些困难，但是只要我们能够了解问题的关键所在，就能迎刃而解。因为，这题也和第二章第24题的“瓮中的球”一样，关键在于瓮内所装的球和瓮外的标签全然不同。

让我们先来看看A吧!

A所取出的是两颗黑球，所以A的瓮内不可能有“黑、红、红”或“红、红、红”的组合。简而言之，他的球色不是“黑、黑、黑”就是“黑、黑、红”，亦即他的标签和其内容物之间的关系有下表中的六种可能性。

男士序号 瓮内外	1	2	3	4	5	6
标签	黑 黑 红	黑 红 红	红 红 红	黑 红 红	红 红 红	黑 黑 黑
内容物	黑 黑 黑	黑 黑 黑	黑 黑 黑	黑 黑 红	黑 黑 红	黑 黑 红

现在，笔者再请你回忆一下瓮内球色和瓮外标帜完全不同的关键。也就是说，如果是从标签“黑、黑、红”的瓮内，取出两颗黑球，这个瓮内所装的球就不可能是“黑、黑、红”，而是“黑、黑、黑”；同理，如果是从贴有“黑、黑、黑”标签的瓮内取出两颗黑球，那么瓮内所装的球色就应该是“黑、黑、红”。

除这两种情形之外，任何人都不可能在仅仅取出两颗黑球的情形下，猜出所剩的另一个球色。

所以，就A而言，他的标签、内容物的情形是下列两种组合之一。

❶ 标签“黑、黑、红”，内容物“黑、黑、黑”。

❷ 标签“黑、黑、黑”，内容物“黑、黑、红”。

就B而言，他的标签、内容物也是下列两种组合之一。

❶ 标签“黑、黑、红”，内容物“黑、红、红”。

❷ 标签“黑、红、红”，内容物“黑、黑、红”。

不过，C的情形就和上述二者有所不同。

因为，C虽然拿出两个红球，但是C仍无法以其聪明才智判断另一个球色，所以C的瓮内所装的不是“红、红、红”就是“黑、红、红”，而且他的标签一定不是“红、红、红”或“黑、红、红”（因为如果标签是这两种情况，C也就能和A、B一样，发挥自己的才智查明另一个球色）。

因此，C的标签、内容物的情形有下列四种可能性。

❶ 标签“黑、黑、红”，内容物“黑、红、红”。

❷ 标签“黑、黑、红”，内容物“红、红、红”。

❸ 标签“黑、黑、黑”，内容物“黑、红、红”。

❹ 标签“黑、黑、黑”，内容物“红、红、红”。

现在，我们就用A的❶、❷和B的❶、❷来配合C的❶、❷、❸、❹，看看能否成立前后毫无矛盾的组合。

A❶可和B❷相配合，A❸可和B❹相配合，不过C无法和A❷、B❶的组合相配合。所以，我们不妨试试C的❸、❹和A❶、B❷配合的情形。但是，其中C的❸较为适当，还是❹适当呢？如果❸适当的话，D的标签和内容物都会同样是“红、红、红”，所以，C的❸并不适当。

因此，标签与内容物的搭配分别如下。

A的标签是“黑、黑、红”，内容物是“黑、黑、黑”。

B的标签是“黑、红、红”，内容物是“黑、黑、红”。

C的标签是“黑、黑、黑”，内容物是“红、红、红”。

则第四位男士的瓮外标签是“红、红、红”，即红3，内容物是“黑、红、红”，即黑1，红2。

A 88. 陈君。

资料如此复杂，一看便知一定要画表整理不可，但是，图表的适当画法为何呢？笔者认为在本书中所安排的图表才是最恰当的！表中李君的Z和余君的Z，表示李君所错戴帽子之主人的雨伞是余君所错拿的。周君的X和X的陈君，表示周君所错戴帽子的主人X拿错了陈君的皮包。

“非余”和“何”的关系是指：不管拿错何雨伞的人是谁，这个人所戴错的帽子并非是余的，另外，这也表示这个人绝非何，亦非余。

现在，我们就利用这张表作为出发点，来进行我们的推理。

表一

人名＼物品	帽子	皮包	雨伞
李	Z		
周	X		
陈		Y	
余			Z
何			
X		陈	
Y			余
?	李		周
	非余		何

先从Z想一想，因为他不是李也不是余，因此，他一定是何、周、陈三者之一。接着，我们再依序以Z代入这三人，用李来追究其可能性。换句话说，就是将每一种可能性和其他资料相互对照有无矛盾之处。若发现有矛盾之处时，就重新以另一可能性代入，此亦即利用试行错误的方法来求得正解的基本方式。

现在，我们就举出其中有关陈的一例。

在Z的格子内写上陈，再找出X是谁，就能缩小可能性的范围。

一看便知，X既非陈也不是周，当然，X就必是李或余或何了。

表二

人名＼物品	帽子	皮包	雨伞
李	陈	余	何
周	何	李	余
陈	余	周	李
余	周	何	陈
何	李	陈	周

但是，如果X是李时，由表下半段“？”的横行便可判知周的雨伞是自己拿走的，此违反题意；而如果X是余，余的横行皮包那一格内就应该填陈，于是余的横行上便出现了两个陈。

所以，X一定是何。

然后，我们再把焦点集中在余君所错戴的帽子上。这顶帽子不是陈的，不是何的，更不是余自己的，所以这顶帽子一定属于李或周两者之一。不过，如果是李的帽子，经由“？”横行显示，余横行的雨伞格内就应填入“周”，此和原已填入的“陈”互相抵触，因此这顶帽子是周的。

表三

人名＼物品	帽子	皮包	雨伞
李	陈 z		
周	何 x		
陈		y	
余			陈 z
何		陈	
X		陈	
Y			余
?	李		周
	非余		何

至此，帽子栏内所余的空格只有“陈”和“何”两格了。在这两格中，我们可填入的有“李”和“余”，不过，目前为止，我们还无法决定哪个空格应填入哪一位。

因此，我们再利用试行错误的方法来将陈的空格内填入李，何的空格内填入余。

这时，陈所错拿皮包的主人Y应该是何（参照下段便知），而且何的雨伞处应填入余。可是，前面我们已经在何的帽子空格内填入余，所以这个假设错误。

因此，我们只好重新在陈的空格内填入余，才能完成正解，亦即错拿李君雨伞的人是陈君。

但是，我们必须知道这个结论是来自将Z假定为陈的状况下才完成的。那么，如果我们一开始不假设Z是陈，而假设是周或何等，我们所得的结果又将是如何呢？请读者不妨试试看。

89. 陆军士兵是撒谎族，海军士兵是诚实族。

三位年轻人之中谁是撒谎族？谁是诚实族？当我们考虑其所有的可能性时，可以想到八种不同的变化。现在，我们就从两位年轻人回答的“是”或“否”中，分类这八种不同的答案。

第一位回答的陆军士兵说：

“是”	“否”
海、陆、空	海、陆、空
❶ 诚、诚、诚	❺ 诚、诚、撒
❷ 诚、撒、撒	❻ 诚、撒、诚
❸ 撒、诚、撒	❼ 撒、诚、诚
❹ 撒、撒、诚	❽ 撒、撒、撒

第二位回答的空军士兵说：

“是”	“否”
空、海、陆	空、海、陆
❾ 诚、撒、诚	⓭ 撒、撒、诚
❿ 撒、诚、撒	⓮ 诚、诚、撒
⓫ 撒、诚、诚	⓯ 诚、诚、诚
⓬ 撒、撒、撒	⓰ 诚、撒、撒

然后，我们将这十六种变化，按照三个年轻人不同的部族，来划分成八种不同的组合——

❶—⓯　　是＝否

❷—⓰　　是＝是

❸—⓭　　是 = 否

❹—⓰　　是 = 否

❺—⓫　　否 = 是

❻—⓮　　否 = 否

❼—❾　　否 = 是

❽—⓬　　否 = 是

八种不同变化中，是 = 否和否 = 是各有三种，是 = 是和否 = 否各有一种。

博士听了两个人的回答后，立刻判断出三个人的身份。所以，他所听到的一定是只有一种结果出现的组合。那么，如果两次答案是是 = 是:

海军（诚）、陆军（撒）、空军（撒）。

如果两次答案是否 = 否:

海军（诚）、陆军（撒）、空军（诚）。

所以，不管是 = 是还是否 = 否，海军士兵都是诚实族，陆军士兵都是撒谎族。

因为我们并不是博士本人，所以，我们无法确定两次回答究竟是是 = 是还是否 = 否（即我们无法判断空军是诚实族或撒谎族）。

90. 佩文杀了宋先生。

由资料❺可知，凶手和被害者的性别不同，由资料❶可知，无论被害者或凶手都和一位异性（亦即现今的配偶）相对而坐。

其次，我们来想想坐在被害者旁边的究竟是男性还是女性。假设被害者旁边是男性，我们可由❶得知，其对面是异性的坐位，经由图解后，就有附图A_1、A_2、B_1、B_2的四种可能性。附图A是假定被害者为女性，附图B则是假定被害者为男性，且又假设四种情况下，被害者旁边所坐者均为男性，而得到的结论。

由❷的资料显示，这种假设的座位一定要有一位男性夹在两位女性之中。但我们却可发现在A_1、B_1、B_2之中没有这样一位男性，而A_2则显示被两位女性所夹住的男性有两位，所以A_1、A_2、B_1、B_2四例都违反题意。

由此可知，被害者的邻座是男性的假设是错误的，被害者的邻座应该是女性，而且被害者邻座的对面是男性。

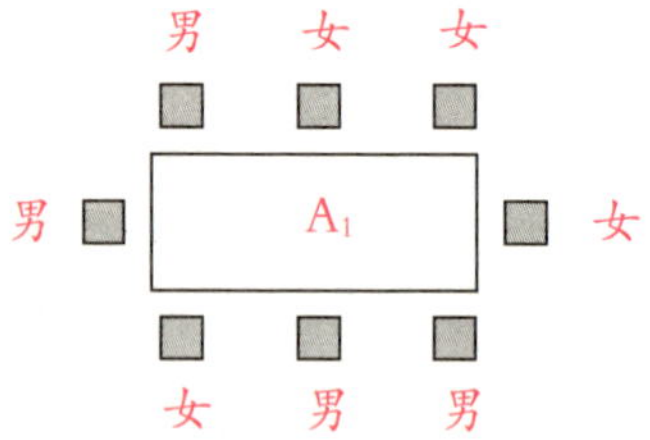

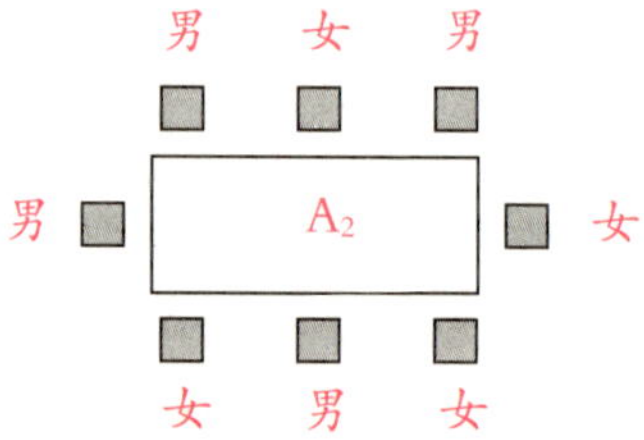

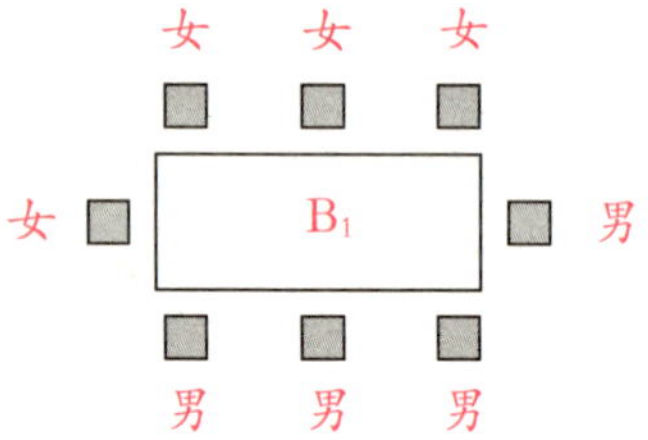

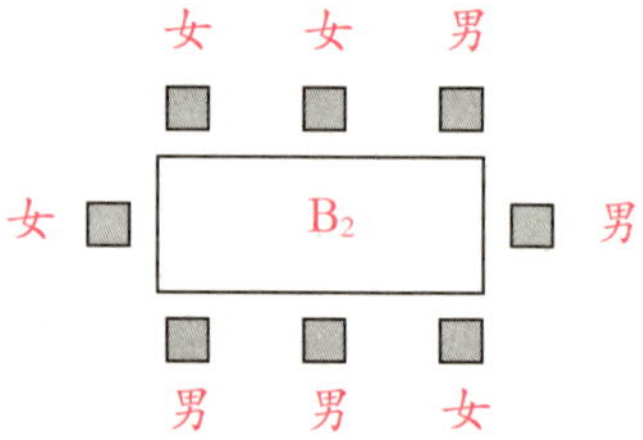

再次利用以上的资料，图示其四种可能性A_3、A_4、B_3、B_4

这次也可以利用资料❷判知A_3、B_3不符（不是没有夹在女性之中的男性，就是有两位男性夹在女性之中）。

所以，真正的座位一定是A_4或B_4其中的一种。无论是A_4还是B_4，我们都可由资料❶、❷判知主人宋先生和宋太太玉玲的座位安排，也可由❸来推论宋先生的邻座是哪两位女性。最后，我们还可以透过❶来推论得知，和这两位女性相对而坐的男性是谁。亦即附图的四种坐法（A_4—1、A_4—2、B_4—1、B_4—2）之中，一定有一种坐法能满足所有的条件。

接着，我们可以根据资料❹，玉玲没有和她先生的弟弟相邻而坐，去除A_4—1，B_4—1这两种可能性。再填满剩余两种可能性坐法的空格。

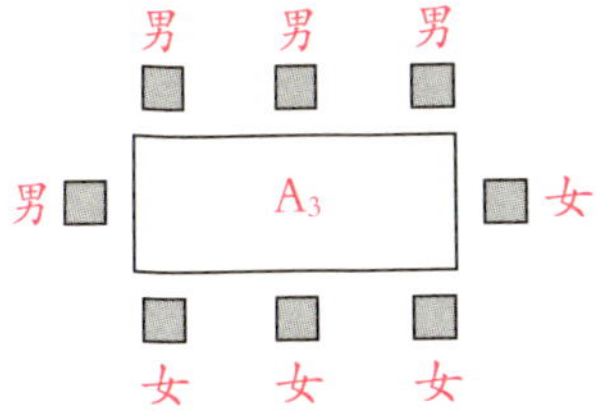
男 男 男
男
A3
女
女 女 女

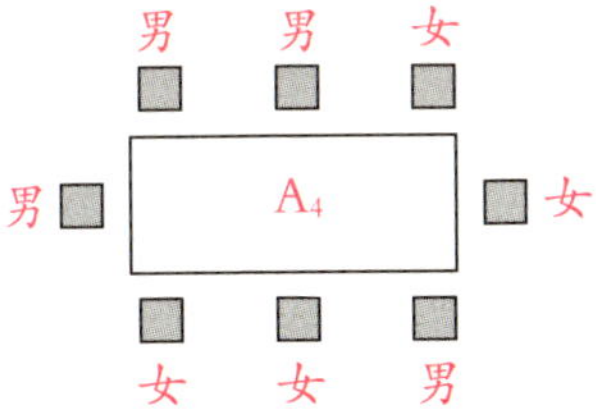
男 男 女
男
A4
女
女 女 男

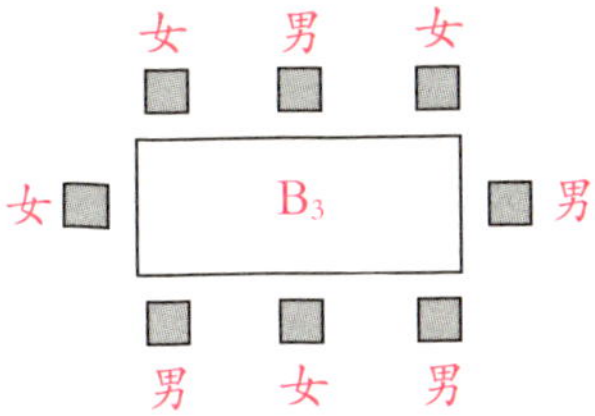
女 男 女
女
B3
男
男 女 男

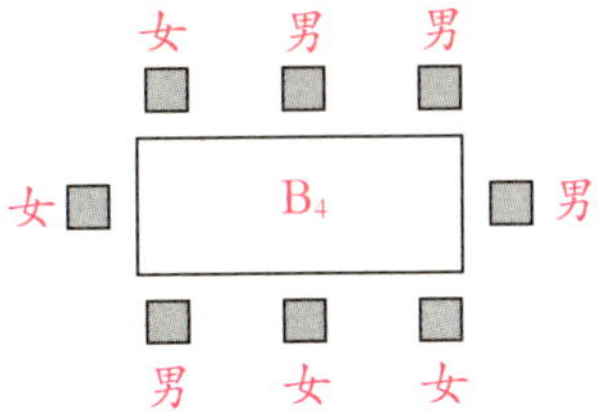
女 男 男
女
B4
男
男 女 女

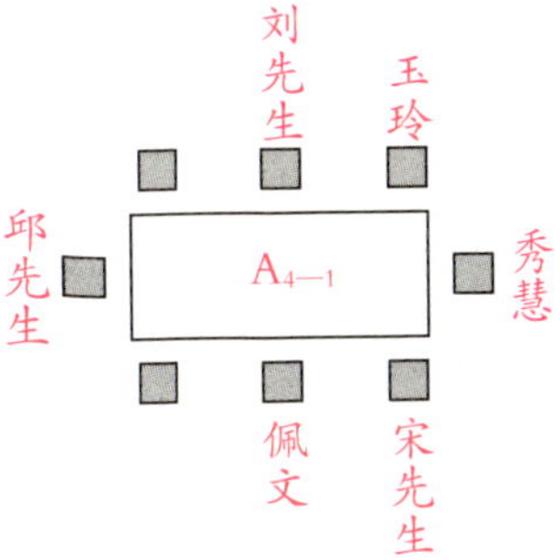
刘先生 玉玲
邱先生
A4—1
秀慧
佩文 宋先生

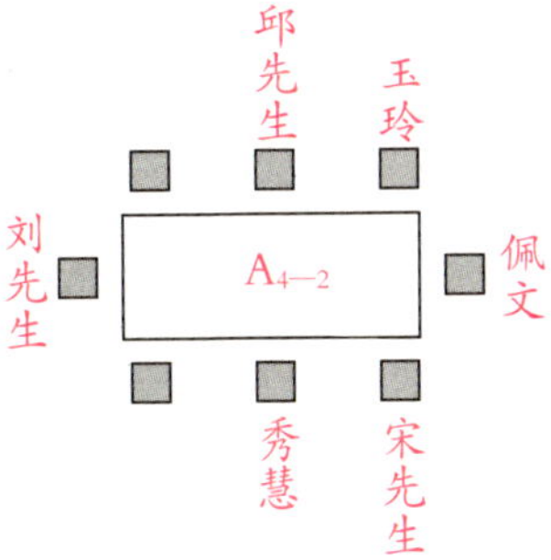
邱先生 玉玲
刘先生
A4—2
佩文
秀慧 宋先生

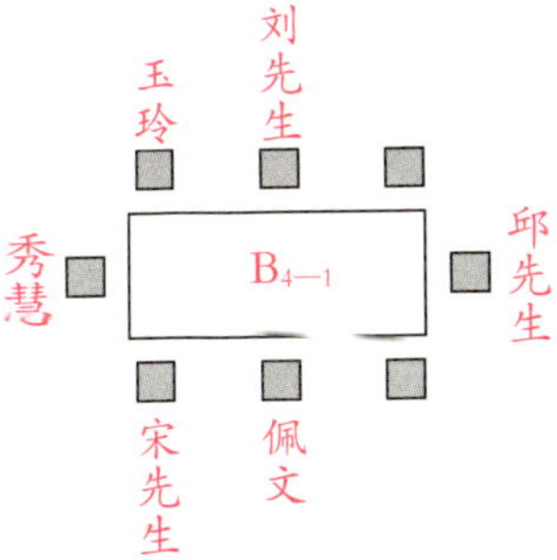
玉玲 刘先生
秀慧
B4—1
邱先生
宋先生 佩文

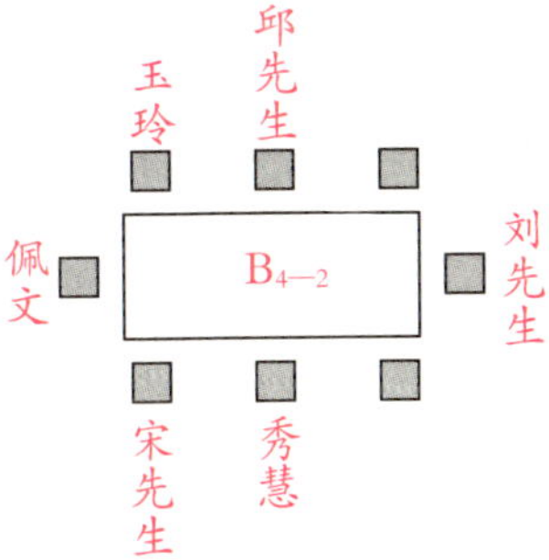
玉玲 邱先生
佩文
B4—2
刘先生
宋先生 秀慧

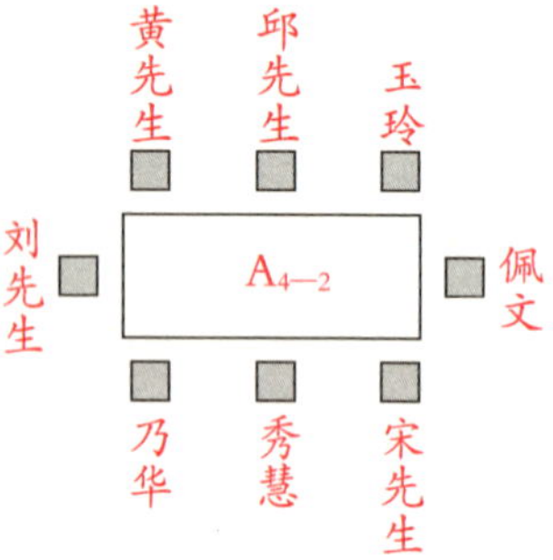

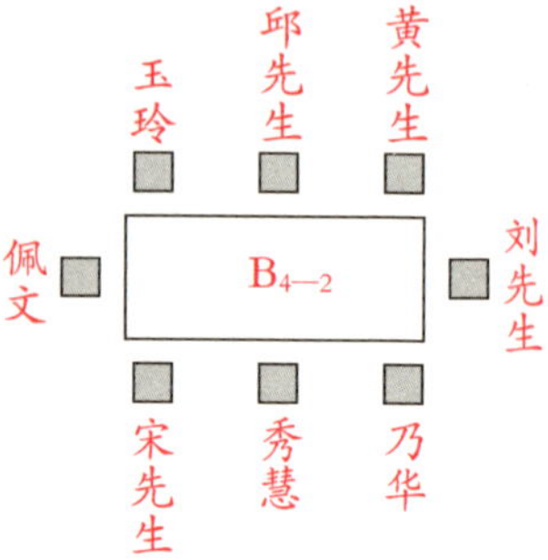

接着，再根据文中资料❺中所说的“被害者曾为凶手的配偶”，而去除A_4—2，因为刘先生和乃华都是宋先生的同胞，所以两者间不可能有婚姻关系。

至此，我们所剩的可能性仅存B_4—2，亦即B_4—2的坐位安排才是案发时的坐法。所以，被害者是男主人宋先生，凶手是其异姓弟弟的太太佩文。